永不放弃

我向马云学创业

肖森舟　赵秀彦 ◎ 著

北京时代华文书局

图书在版编目（CIP）数据

永不放弃：我向马云学创业 / 肖森舟，赵秀彦著. —— 北京：北京时代华文书局，2018.5
ISBN 978-7-5699-2393-3

Ⅰ．①永… Ⅱ．①肖… ②赵… Ⅲ．①企业管理－青年读物 Ⅳ．①F272-49

中国版本图书馆 CIP 数据核字 (2018) 第 079634 号

永不放弃：我向马云学创业
YONGBU FANGQI WO XIANG MAYUN XUECHUANGYE

著　　者 | 肖森舟　赵秀彦

出 版 人 | 王训海
选题策划 | 爱彤文化
责任编辑 | 周连杰
装帧设计 | 上尚设计
责任印制 | 刘　银

出版发行 | 北京时代华文书局 http://www.bjsdsj.com.cn
　　　　　北京市东城区安定门外大街 136 号皇城国际大厦 A 座 8 楼
　　　　　邮编：100011　电话：010－64267955　64267677　57735442
印　　刷 | 北京市迪鑫印刷厂　010－60691571
　　　　　（如发现印装质量问题，请与印刷厂联系调换）
开　　本 | 710mm×1000mm　1/16　印　张 | 16　字　数 | 261 千字
版　　次 | 2018 年 6 月第 1 版　印　次 | 2018 年 6 月第 1 次印刷
书　　号 | ISBN 978-7-5699-2393-3
定　　价 | 58.00 元

我这本书的出版有两个机缘。

一个机缘是我与我的创业偶像、阿里巴巴集团创始人马云的三次会面，尤其是第三次会面，让我有了更广阔的视野和发展机遇的同时，也认识到有必要将这些年来从马云身上学到的东西和自己在创业路上的经验、教训拿出来分享。因为，正是在马云的教导下，我才能有今时今日的成功，才能够少走不少弯路，如果通过分享让更多的创业者有所收益，那无疑是一件大善事。

另一个机缘是微商培训课。最近几年，我频繁受邀在全国各地进行微商培训，在这个过程中，我将自己对于做微商的一些想法做了总结，并出版成书，没想到社会反响非常好，不仅销量惊人，读者一片好评，还引来一些出版界的朋友的关注。他们知道我和马云的关系，认可我在商业上取得的成就，于是便鼓励我出版一本关于创业的书，于是，便有了这本书。

这是机缘的方面，就我个人而言，我之所以在繁忙的工作中愿意抽出碎片时间来整理这本书，也有两个方面的考虑：

一方面，从我入驻淘宝开店创业到现在已经有十几年的时间了，很有必要留下一点儿文字作为纪念。2002年8月退伍还乡后，我被分配到国税局工作，成了一名令很多人羡慕不已的公务员，过起了"朝九晚五"的生活，但我并不甘心年纪轻轻就这样按部就班，不想过那种一潭死水的生活。2006年，我无意中看了中央电视台《赢在中国》里马云的演讲：未来要么电子商务，要么无商可务。马云说："今天的竞争很残酷，明天更残酷，后天很美好，大多数的创业者都死在了明天晚上，很多创业都是晚上想想千条路，第二天起来依旧走老路。"因为这句话，我开启了自己的创业之路。2006年3月18日，对我是一个特别的日子，这一天，我正式入驻淘宝。在淘宝开网店仅3个月，就获得了三个"钻"，名列淘宝茶叶销售信用第一名，当年入选淘宝网商20强，受邀到杭州参加表彰会，这是我第一次见到偶像马云，并鼓足勇气提出单独合影。到如今，我成为森舟茶业CEO、微商实战导师第一人、微商最大的万人付费社群"微商名人帮"创始人、肖森舟明星工作室创始人……其间，获得荣誉无数。我的创业经历可以说是波澜起伏的，有很多值得记录下来的事情。

另一方面，创业以来，我创办和联合创办了不下十家公司，涉及的领域包括茶叶、电商、营销、微商、衣饰等，并曾为二百多个驰名品牌如红豆男装、韩都衣舍等做过网络营销指导，每一次都是另辟蹊径地开创了领域内全新的创业项目或者营销模式，且都取得了不错的成绩。这里面有很多有益的经验和教训，我愿意将它们总结、提炼出来，结合我的偶像马云的创业智慧和我个人的看法、想法，分享给创业者们，以供参考。

这本书最后能够成稿，我要感谢很多人。

首先我要感谢马云的众多教导和指点，可以说，马云是我一生的最大的贵人与恩师，没有他的教导和指点，我的创业就不可能成功，这本书的出版也就无从谈起。

其次，我还要感谢十多年来创业路上与我一起同行的伙伴们，包括我的员工、客户以及众多的竞争对手。感谢我的员工，你们是我创业路上一路风雨兼程的"战友"；感谢客户，感谢你们一直以来对我的信赖与指导；感谢对手，因为有你们，我才能逐渐变得强大。

再次，我要感谢那些在我创业的每个阶段支持过我、帮助过我的朋友们，你们是我一生最大的财富，是你们，让我永远不缺少前行的力量。

最后，我还要感谢我的家人，多年以来，你们为我付出太多，可我却因为工作关系对你们照顾得太少，以后的日子里，我希望能有更多的时间和你们在一起。

创业维艰，创业是一个九死一生的过程，但创业也是实现人生价值、社会价值的最好方式，在这里，谨以我最喜欢的两句马云语录与所有创业者共勉：

在创业的道路上，我们没有退路，最大的失败就是放弃。
梦想还是要有的，万一实现了呢？

肖森舟
2018年3月

肖森舟个人经历

肖森舟：2008年淘宝十大网商，森舟茶业（厦门）有限公司品牌创始人兼CEO，三金冠糖糖屋和楼兰蜜语咨询顾问。个人微信号：83097，期待与更多有志于创业的人成为朋友。

1999年，肖森舟当兵退伍后进入政府机关工作。

2006年3月18号，从国税局辞职，专职于淘宝，以自己的名字创建"森舟茶"品牌，并以"森舟就是铁观音"为企业经营的核心理念。通过三个月的努力，9月获得2006年中国十大网商提名奖。后成为淘宝网铁观音类目唯一金冠店，也是福建省第一家金冠店。

2007年，获得广州赛区的十大网商称号，并成功获得高级评茶员资格职称。

2008年5月份，获得个人淘宝零售十大网商称号，9月，公司通过QS安全认证。

2009年，带领团队不断努力和打拼，成功晋级中国网上零售消费品牌50强，并加入淘宝商城，开启新的创业起点。

2010年11月15日，身为退伍老兵的肖森舟，受邀出席人民大会堂举办的《走出军营的老兵》赠书仪式，其创业及成长历史被记录在书中。在茶叶电子商务行业，他是唯一一位在人民大会堂演讲的嘉宾。

2011年，带领团队，成功入选"淘品牌"30强。

2012年，带领团队，成功晋级全球十佳网商30强。

2014年，创办森舟梦想汇终生学习社群，成为行业第一个付费社群。

2016年，成立肖森舟明星工作室；在深圳、厦门连续成功举办了两届微商大咖巅峰论坛。12月，创办微商名人帮，成为行业最大的微商社群，几个月时间会员超过数万人。

2017年，创办微Live——最大的微商直播平台。

现致力于微电商创业培训，打造微电商IP，成立肖森舟私董会，为会员提供一站式链接的资源通道。

独特的营销理念

网店成立近六年来，以"顾客至上，诚信第一"的服务理念及口碑相传，成为淘宝网铁观音类目第一家金冠店，也是福建省第一家金冠店。

淘宝店铺DSR：4.9分，好评率接近99.94%。森舟自建店初期就独创"密码"淘茶、"一元一泡"体验式购茶、"35天无条件退换货"及"茶叶密码记忆法"等营销手法，开创茶类创意营销先河，获七十多万茶友好评与肯定，在业界颇受好评。

拥有七年零成本和低成本店铺运营实战经验、低成本品牌打造和客户体验优化经验及网络免费推广营销咨询经验。

曾出版《微信营销108招》《互联网+手机：玩转手机自媒体营销108招》。其中，《微信营销108招》众筹128万，年销量突破30万册，成为出版界的热门事件。

目 录
CONTENTS

第三章
CHAPTER THREE

没有激情，创业必败

马云教给我的创业激情课

第四章
CHAPTER FOUR

永远把自己的笑脸露出来

马云教给我的创业心态课

第五章
CHAPTER FIVE

创业是九死一生，你要有敢死团队

马云教给我的创业团队课

目录
CONTENTS

目 录
CONTENTS

第一章

梦想是要有的，万一实现了呢

马云教给我的创业梦想课

马云说：人可以十天不喝水，七八天不吃饭，两分钟不呼吸，但不能失去梦想一分钟。没有梦想比贫穷更可怕，因为这代表着对未来没有希望。一个人最可怕的是不知道自己干什么，有梦想就不在乎别人骂，知道自己要什么，才最后会坚持下去。

创业动因：没有梦想比贫穷更可怕

> 作为一个创业者，首先要给自己一个梦想。我的梦想是建立自己的电子商务公司。人没有梦想，没有一点浪漫主义精神，是不会成功的。
>
> ——马云

因为贫穷，选择改变；因为梦想，选择创业。对于有志于创业的人来说，首先要明确自己最爱的是什么，最渴望的是什么，梦想是什么。谁也不能没有远大梦想便做成大事。梦想是创业成功的驱动器。

贫穷是可怕的，但没有梦想比贫穷更可怕，因为这代表着对未来没有希望。一个人最可怕的是不知道自己干什么，有梦想就不在乎别人骂，知道自己要什么，最后才会坚持下去。

有记者曾经问马云，未来10年的梦想是什么。马云的答案是："未来10年，阿里巴巴的目标是打造新的电子商务文明，希望能为世界1000万中小企业打造生存和成长的信息平台，为全球10亿人提供电子商务消费平台，相信未来30年都将是电子商务的快速发展期。"

对于马云的梦想，你可以说他是在做春秋大梦，也可以说是他豪情万丈，敢用梦想照亮现实。但最关键的地方在于，马云有着明确的梦想，并为这一梦想而切实努力着、奋斗着，直至成功为止。

很多人也都曾问过我这样一个问题，为什么要选择创业，**其实我的创业动**

因很简单，我就是梦想有尊严地活着，能站着吃白米饭配红烧肉，有了这个动因之后我创业才能坚持到现在。

在北京大学和淘宝大学授课以及给微商做培训时，我经常会讲到下面这个案例：

1801年，美国有两位年轻人，一个叫柏波罗，一个叫布鲁诺，他们是堂兄弟，都是不甘于贫穷的人。他们住在新泽西的一个大村子里，都很聪明而且勤奋，所欠缺的只是一个机会。

有一天，机会来了。村里决定要雇用两个人把附近河里的水运到村广场的蓄水池里去。村长把这份工作交给了柏波罗和布鲁诺。两个人各抓起两只水桶奔向河边开始了他们辛勤的工作。一天工作结束后，他们把村广场的蓄水池装满了。村长按每桶水1分钱付给他们。

"我们的梦想终于实现了！"布鲁诺大喊着，"我简直不敢相信我们的好运气。"

但柏波罗却不是这样想的，他认为这并不算是梦想的实现，只能说是梦想的一个契机。他的背又酸又痛，用来提那重重的水桶的手也起了泡。他害怕每天早上起来都要去做同样的一份工作。于是他发誓要想出更好的办法，来将河里的水运到村里来。

"布鲁诺，我有一个计划，"第二天早上，当他们抓起水桶去河边时柏波罗说道，"一桶水才1分钱的报酬，却要这样辛苦地来回提水，我们不如修一条管道，将水从河里引进村里去吧。"

布鲁诺愣住了，很快反驳道："柏波罗，我们拥有一份很棒的工作。我一天可以提100桶水，一天就是1元钱！我已经是富人了！一个星期后，我就可以买双新鞋。一个月后，我就可以买一头牛。6个月后，我还可以盖一间新房子。我们有全镇最好的工作，这辈子都不用愁了！放弃你的管道幻想吧。"

柏波罗并不能改变布鲁诺的想法，可即使自己一个人，他也要实现这个计划，白天，他将一部分时间用来提桶运水，用另一部分时间以及周末的时间来建造他的管道。他知道在开始的时候，收入会下降。他也知道，要等上一年、两年，甚至更多的时间，他的管道才能产生可观的效益。但是他坚信，只要自己能够坚持下去，他的梦想会实现，于是他全力以赴地去做了。

不久，布鲁诺和其他村民就开始嘲笑柏波罗了，称他为"管道建造者柏波罗"。布鲁诺挣到的钱比柏波罗的多一倍，并常向柏波罗炫耀他新买的东西。他买了一头毛驴，配上全新的皮鞍，拴在了他新盖的两层楼旁。

晚上和周末，当布鲁诺在吊床上悠然自得时，柏波罗却还在继续挖他的管道。头几个月里，柏波罗的努力没有多大的进展。他工作得很辛苦——比布鲁诺的工作更辛苦，因为柏波罗晚上、周末也还在工作。

布鲁诺整天用力地运水，渐渐地，后背弯了，脚步也慢了。他开始对生活失去了激情，提水的时间远远少于在酒吧里喝闷酒的时间。

最后，柏波罗的管道建成了。水从管道里源源不断地涌入村子里，不管是他睡觉还是在别处游玩，都不会影响他的工作。他口袋里的钱越来越多了。人们把柏波罗称为"管道人"，认为他创造了一个奇迹。

这个故事堪称美国版的愚公移山。我们为许多人缺乏长远的眼光而感到悲哀，但现实又令我们不得不承认，大多数人是生活在一个"提桶"的世界里，只有一小部分人敢做建造管道的梦。你是谁？提桶者还是管道建造者？梦想在这其中发挥了重要的作用。

创业之路充满艰辛，可以说是九死一生，有梦想才可能坚持下去，哪怕这个梦想只是有尊严地活着或者单纯地积累财富。我为了创业，把公务员的"金饭碗"都砸掉了，这才有了电商、微商创业时代的我。所以说，创业的时候，马云教给我的第一条就是，一定要拥有一个梦想，要有很强烈的动因：你为什么创业，你是因为痛苦而创业，还是想改变自己来创业，把你的创业动因找到，那么，未来就一定在你手中。

 森舟心得

　　梦想是支撑我们追求成功的一种精神力量，也是我们日益进取的动力源泉。对于任何一个想要成功的人来说，拥有梦想都是迈向成功的第一步。花若盛开，蝴蝶自来，你若精彩，天自安排。

野心勃勃：野心是前进的动力，是创业者的美德

对于创业者来说，野心就是他前进的动力，是他必须要实现的宏伟目标，野心有多大，未来的路就会有多宽广。

——马云

创业者需不需要野心呢？对此，马云给出的答案是肯定的，在他看来，野心对创业者来说必不可少。

马云显然是一个有极大野心的人，所以他才能创建一个有野心和进取精神的阿里巴巴。

在和马云交流的过程中，他曾给我简单地讲过他的创业故事，在他要创办阿里巴巴的时候，他请了24个朋友来自己家，给他们讲自己的梦想，讲未来的宏伟蓝图，讲了整整两个小时，大家都听得云里雾里、稀里糊涂，其中23个朋友都劝他放弃，只有一个朋友跟他说可以试试。结果马云想了一个晚上，第二天就决定开始了，他认为不论成功还是失败，经历就是一种成功。从创业开始，他就下定了决心，梦想有一天能够称霸互联网。

事实上，即便到了今天，阿里巴巴已经成为全球数一数二的互联网企业，阿里帝国的版图已经延伸到了金融、文化、娱乐、医疗等多个领域，但是马云依然野心勃勃。

在一次演讲中，**马云曾这样说："你穷，是因为你没有野心！"**很多人乍听之下，可能会感觉这个观点太过片面，有野心也不一定就能成为富人，贫穷也

不全是因为没有野心，这些质疑或许也有一定的道理。但从创业的角度来说，我对马云的这句话却是十分认可，因为我对这句话有着切身感受。

2002年8月退伍还乡后，我被分配到国税局工作，成了一名令很多人羡慕不已的公务员，过起了"朝九晚五"的生活，但我并不甘心年纪轻轻就这样按部就班，不想过那种一潭死水的生活。我心里有一种东西在萌动，当时我不知道是什么，但现在可以肯定就是野心，是不甘于现状想要干一番事业的野心，这正是我最初开网店并努力创业的初衷。

我曾在某本财经杂志上看过这样一个观点，美国加利福尼亚大学的心理学家迪安·斯曼特研究后指出："野心"是人类行为的推动力，人类通过拥有"野心"，可以有力量攫取更多的资源。我认为这个观点完全适用于创业，在《企业家精神》一书中，管理大师熊彼得这样说道：一个人如果要成为企业家，就必须不断创新、创新、再创新。而创新来自于不停地进取，进取心则来自于野心。

商业史上有这样一个经典案例：

　　法国一位大富翁在弥留之际写了一份遗嘱：我曾经是一位穷人，在以一个富人的身份跨入天堂的门槛之前，我把自己成为富人的秘诀留下，谁若能猜出"穷人最缺少的是什么"，他将能得到我留在银行私人保险箱内的100万法郎，这是揭开贫穷之谜的奖金，也是我在天堂给予他的欢呼与掌声。

　　遗嘱刊出之后，有48561个人寄来了自己的答案。这些答案，五花八门，应有尽有。绝大部分的人认为穷人最缺少的是金钱；有一部分认为穷人最缺少的是机会；又有一部分认为穷人最缺少的是技能；还有的人说穷人最缺少的是帮助和关爱，是相貌漂亮，是名牌衣服，是家世，等等。

　　在这位富翁逝世周年纪念日，他的律师和代理人在公证部门的监督下，打开了银行内的私人保险箱，公开了他致富的秘诀：穷人最缺少的是成为富人的野心！

　　在所有答案中，有一位年仅9岁的女孩猜对了。为什么只有这位9岁的女孩想到穷人最缺少的是野心？她在接受100万法郎的颁奖之日说："每次，我姐姐把她11岁的男朋友带回家时，总是警告我说不要有野心！不要有野心！于是我想，也许野心可以让人得到自己想得到的东西。"

的确，野心是创业者的一种美德。具体而言，我认为，创业者要有"野心"，就是要有强烈的脱贫致富的梦想和愿望。这种强烈的愿望实际上是促使一个人努力奋斗的原始动力，是激励一个人穿越困境的有力信念。一个安于现状的人，他不可能在事业上有更大的成就。只有把这种强烈的愿望视为与自己共存亡的可贵财富，才会付诸行动，并努力坚持。

假如你渴望创业成功，那么请你先问问自己：我有成功的野心吗？让野心成为你追求创业成功的利器吧，"王侯将相宁有种乎？"古人尚且能发出这样的吼声，今天有着聪明才智的我们岂能庸庸碌碌地过完一生？

森舟心得

对于创业者来说，光有野心还是不够的，创业还需要很多别的东西，但野心是首当其冲的，没有野心，一切都是空谈。此外，创业者需要注意的是，野心并不是贪心，切不可让贪心操纵你的创业。

行动落实：没有行动，所谓梦想一文不值

很多优秀的年轻人，晚上想了千条路，早上起来走原路。晚上充满激情地说，明天我将干这个事，第二天早上仍旧走自己原来的路线了。如果你不去采取行动，不给自己的梦想一个实践的机会，你永远没有机会！

——马云

如果梦想不能落实到行动，就是空想，就一文不值！

1999年，中国的互联网已经进入了白热化状态，国外风险投资商疯狂给中国网络公司投钱，网络公司也在疯狂地烧钱。而对于人均工资500元的阿里巴巴来说，只能依靠"省"字诀，咬着牙关做事。员工外出办事，发扬"出门基本靠走"的精神，很少坐出租车。据说有一次，大伙出去买东西，东西很多，实在没办法了，只好坐出租车。大家在马路上招手，来了桑塔纳，他们就摆手不坐，一直等到来了一辆夏利，他们才坐上去，因为夏利每公里的费用比桑塔纳便宜2元钱。

阿里人是如何做到这种程度的呢？就是因为他们有梦想，梦想将阿里巴巴建成世界上最伟大的电子商务公司，梦想让天下没有难做的生意，并将梦想落实到具体的行动中——省下2元钱！

多年之后，马云谈梦想谈得很尖锐："**如果梦想变不成现实，就是空想、瞎想！**我见过最多的人是埋怨的人。梦想是虚的，但是你必须把它做实。"

经历了多次创业的马云还总结说："**在创业之初，创业者需要的不是指**

导，而是实干。"

在准备创业前，我曾在网上和一个朋友聊天，朋友告诉我，他认识的一个人在网上卖东西赚了大钱。当时电商在中国还不普遍，我接触得也比较少，觉得很好奇，怎么网上也能卖东西？于是，我立刻行动起来，先上网查了查相关资料，最先找到的网站是易趣，发现是收费的，之后才发现了淘宝，当时淘宝实行免费开店，我就迅速注册了一个店。

店开了，那卖什么呢？我的第一反应就是铁观音。我是福建泉州人，家族世代都是茶农，家里每年能生产1万多斤茶叶。我们家还开过实体店，做茶叶批发生意，主要由母亲和哥哥打理。种茶、喝茶，从小就是我生活的一部分，茶农的艰辛和不易，我更有切身的感受。

在很长的一段时间，泉州茶农饱受销售渠道不畅之苦。大多数茶农不了解外面的市场，通常都是在家里等着茶商来收茶叶，而茶商经常以茶叶成色不好等为借口恶意压价，这让茶农很为难。不卖，新茶存放时间久了变成陈茶，更不好卖；卖吧，还不是现款，得等茶商把茶叶都卖出去才能拿到钱。茶商们只想着自己赚钱，根本不顾茶农的辛苦。茶叶经过茶商几次转手后，到消费者手里，价格比成本要高出50%以上。

每次回家，看到老乡们辛苦种茶、炒茶，结果却赚不了多少钱，我心里都很着急。在淘宝开店，想到卖茶叶后，我在心里盘算了一下，通过网店直销，茶叶价格可以比市场价便宜50%，越贵的茶，降价幅度就越大，而且还有15%的利润可赚。我断定，网上卖茶一定会有市场，于是又马上开始为开网店卖茶叶做准备。当时，每天下班回到家，我都会迅速打开电脑直奔淘宝论坛的"淘宝大学"，上面有马云的相关讲话，也有其他网商的成功经验，还有很全面的开店指导。从图片拍摄到登陆商品，再到修改价格等，我学得很投入。那段时间，**除了上班，我把其他时间几乎都用在了网上，有时连吃饭和睡觉都顾不上。结果用了不到三个月的时间，我在淘宝上的茶叶店就正式开业了。**

当然，我在行动上的表现，比起马云还存在很大差距，和其他优秀的创业者相比，也不一定有多出色，但通过自己的创业经历以及对马云的学习，我想强调的是，创业，光有梦想是不够的，还必须将梦想落实到行动。唯有行动才可以改变你的命运。一万个空洞的幻想不如一个实际的行动。我们总是有梦想而不去努力，有计划而不去执行，坐视各种憧憬，那么，梦想和计划都只会是毫无意义的空谈！

当然，行动不等于胆大妄为，更不能违法乱纪。行动，至少有两层意思，一是指人必须有冒险精神，必须敢于去做，畏缩拖延永远不可能成功；二是指我们在追求目标的过程中，要勇敢地面对各种挫折与失败，不可半途而废，应该愈挫愈勇，不达目的誓不罢休。大部分年轻人都有创业的想法，对财富和成功的渴求，让他们想尽了法子寻求创业之道。但是，第二天早上，依旧提起公文包准时出现在公司的大门口，开始跟昨天没什么两样的又一天。

一般人应付恐惧最常用的方法就是"不做"。推销员在给客户推销之前经常怯场，即便是最老练的推销员也难免。他们为了克服恐惧，往往在客户附近徘徊犹豫，要不然干脆找个地方一杯又一杯地喝咖啡，以培养自信和勇气，但是这样根本没有效果。其实，克服这种恐惧的最好方法就是——立刻行动。许多上台演讲或者表演的人都有过这样的经验：在台下时常常会心神不宁，觉得恐慌、焦虑，并且等待的时间越长，这种担忧和恐惧就会越加剧。而一旦上了台，所有的紧张、恐惧和不安反倒立马烟消云散了。

所以，当我们有一个好的想法，当我们面临一项艰巨的任务时，不要犹豫，不要畏惧，而要迅速行动起来。行动本身会增强信心，不行动只会带来恐惧，而且，一旦行动起来，还可以顺便做调整，或者行动后证明此法不通还可趁早扔掉它并寻求更好的路子。最糟糕的情形就是，光想不做，而且越想越慌。

对于创业者来说，从结果的角度讲，行动比梦想更重要，也更难做到。"重要的是行动"，"十个想法不如一个行动"，这正是我从马云身上学习到的一个重要理念。

 森舟心得

　　关键不是你的想法、理想、梦想，而是你是不是愿意为此付出一切代价，全力以赴地去做它，证明它是对的。

选好项目：找最适合自己的，而不是最赚钱的

第一次创业的时候，你想做什么，到底要做什么？不要受外界影响，你自己就要确定你今天就是要做这个事情。

——马云

创业是一门大学问，需要扬长避短，需要最大限度发挥自己的优点。一个外行涉足一个全新的领域去创业，难度相对要大得多。所以，在选择项目时，创业者一定要充分考虑自身的情况，千万不可盲目跟风，看什么赚钱，就一头扎进自己不熟悉的领域而无法自拔。

在创业之前，马云在杭州电子工业学院任教，是英语和国际贸易专业的讲师。在教学的同时，他在西湖边上发起了一个"英语角"，逐渐在杭州翻译界有了一些名气。20世纪90年代初，随着改革开放政策的深入，全国经济飞速发展，在杭州做外贸生意的民营企业逐渐增多，对外翻译服务的需求也相应增多。所以，很多老板来找他做英语翻译。马云早已经有了创业的打算，只因为和老校长的"五年之约"还没有到期，所以开始只是做兼职，并一直寻找着合适的创业项目。

1992年，马云开始创业，选择的项目是什么呢，正是他最擅长也最适合自己的翻译，他和同事一起成立了海博翻译社。事实上，海博翻译社不仅为马云积累了可贵的创业经验，也正是因为这个项目，他也才有机会"触网"，才有了今日的阿里巴巴。

这里我再以股票市场为例，假如你是一个股票投资者，假如了解股市，那你应该知道，在股票市场上，除非出现大的一些意外情况，否则股票的交易屏上每天都有飘红的股票，甚至涨幅在5％以上的股票。在新中国股票交易史上，曾经出现过90％以上股票全线涨停板（上涨幅度为10％）的"壮观"景象。面对如此"喜人"的场景，有个初涉股市的青年说："挣钱比捡钱还要容易。"其实，真正了解股市的老股民都清楚，在股票市场上赚钱的永远都是少数真正懂股票投资的人。国外有位投资理论家说过，在股票市场上，10％的人在赚钱，20％左右的人能打个平手，到最后能全身而退，而70％的人都在赔钱。所以，即使是股市上的老手，也有可能赔得一塌糊涂，更何况初涉股票市场的新手呢？

虽然股票市场天天都有"牛股"，但并不是每个人都能成为股票市场的赢家。在股票市场上没有所谓的全部都是赢家的情况，有人赚，就肯定有人赔。

股票市场如此，创业也是如此。马云为什么强调在创业的时候要选择你自己非常熟悉或者比较熟悉的行业，我认为原因就在于此。

创业初期，我也走过不少弯路，当时年轻胆子大，除了茶叶，其他能赚钱的热门项目也接触了不少，可是一番尝试下来，却收获甚小，这才明白创业不是只有勇气就能解决一切问题的，千万不能盲目，尤其在选择项目方面，还是应该根据自己的实际情况来。

从当今社会发展的大趋势和成功创业者的经验来看，**我认为，一个人要想创业成功，就要不断积累并进化自身的优势，并能将这种优势最终转化为胜势**。说积累很多人都明白，那为什么要进化优势呢，这是因为，在数字信息化社会，变化是极其迅速的，昨天的优势到了今天便有可能成为劣势。

此外，还有一种情况，你对某个行业不熟悉，但在深度研究学习后，掌握了这个行业，熟悉了这个行业，并且通过市场调查与分析，确信自己不会犯主观主义的错误，那么也是可以涉足的。我是从2006年到2011年抓住了淘宝这一个风口的，就是C2C（个人与个人之间的电子商务）网上购物，我是凭什么抓住这个风口的呢，就是通过不断地、深入地学习，让自己充分了解了这一项目。

还有一点，如果你不懂得这个行业，但你的合作伙伴却是这个行业的行家里手，那要涉足也是可以的。在这方面，马云就是一个榜样，论技术，他肯定不如马化腾、李彦宏等技术出身的行业大佬，可硬是将阿里巴巴做成了全球数一数二的电子商务网站，凭的是什么呢？很重要的一点就是他能在每一个阿里巴巴所涉足的领域都安排最合适的人。

作为一个创业者，无论你是第一次接触某个行业，还是从这个行业转到了另外一个行业，我建议，都应该先充分地分析分析自己适不适合这个行业，有没有这个能力，如果不适合，没有这方面的能力，而只是凭借自己的主观愿望，那么，你的创业基本上可以断定是会失败的。甚至，有时候你在原来的行业工作得很出色，可一旦创业，一切就都可能发生很大的变化，再套用你原来的经验往往会吃大亏。因为从工作到创业，是人生的一次巨变，要迅速地从其中走出来奔向创业成功的路是不现实的。

我认识这样一个创业者，他大学毕业以后在厦门一家公司工作，几年后，就成了公司的业务骨干，他自信对公司的业务非常非常熟悉，可以说闭着眼睛都可以将公司掌控于股掌之中。他觉得自己的翅膀硬了，可以单飞了，于是就向老板辞职，自己另立门户，当起了老板。可真正到他自己做了老板以后，才发现生意并不像自己所想象的那样红火，客户盈门的情况并没有出现，而是门可罗雀，生意清淡。没过多长时间，他创立的公司就倒闭了。

后来，在朋友的介绍下，他来向我咨询，想知道自己创业失败的原因。我告诉他，给老板打工是一回事，做老板自己创业又是另外一回事。自己做老板，公司里外的所有事情都要在自己的掌控之下，既要做好公司内部的管理，同时更重要的是对外要有客户才行。

这位创业者对自己原来打工的公司业务的确非常熟悉，也的确闭着眼睛就能把业务玩转，可他忽视了一点，要成功创业，单靠自己的业务能力是远远不够的，因为你最终面对的是市场，是顾客。没有了后者，你纵使有上天的本领和能力也是于事无补的。

别人办公司在不停地赚钱，而你办同样的公司却可能在不停地赔钱。事情往往就是这么奇怪！其实，说怪也不怪。就创业而言，最忌讳的就是做那些你从来没有涉足的既陌生又没有把握的生意。你熟悉餐饮业，你就踏踏实实地做你的餐饮业，而不要去经营汽车配件；你熟悉建材业，那就踏踏实实地做你的建材业，不要看到眼下经营化妆品的生意很火爆就去经营化妆品。在选择创业项目的阶段搞清了这一点，对你以后的创业会大有好处。

 森舟心得

　　创业就要一心一意、全心全意地去做你熟悉你懂行的行业，千万不要人云亦云，盲目跟风，不要好高骛远，也不要打一枪换一个地方。如果能做到这一点，创业就很可能会赚到钱。否则，你只有站着观看的份儿，弄不好"海"没有下成，反而喝了一肚子"海"水。

第二章

永不放弃，
即使跪着也要最后一个倒下

马云教给我的创业成长课

马云说：即使跪着，我也得最后倒
下。我坚信一点，我困难，有人比我更困
难，我难过，对手比我更难过，谁能熬得
住谁就赢。放弃才是最大的失败，假如你
关掉你的工厂，关掉你的企业，你永远没
有再回来的机会。

执着的信念：永不放弃，就一定会有成功的机会

在创业的道路上，我们没有退路，最大的失败就是放弃。

——马云

创业维艰，选择创业就是选择与困难、挫折为伍，其前途虽然是光明的，但道路必然是曲折的，既然你选择了创业，就注定要在摸索中前进。创业路上，谁也无法预测究竟何时会柳暗花明，也许要一直在黑暗中前行，看不到曙光在何处，甚至不知道黎明离自己到底有多远。但障碍和挫折挡不住成功者前进的步伐，在他们看来，障碍、挫折只不过是人生的一个关口，更是一个新尝试的开始，一个新目标的开端。他们始终坚信，每一次挫折、每一个困难，都是一笔最有价值的财富，会为自己带来更大的成功。不管外部的环境有多么恶劣，不管别人说多少风言风语，也不管还会遇上多少艰难险阻，只要自己永不止步、永不放弃、永远向前，就绝对能够渡过任何难关。

我从事电商8年，三次获同马云见面的机会，尤其是第三次见面，让我有了更广阔视野和发展机遇，也更加坚定了创业的信念。

2013年5月9日，作为30名优秀电商之一，我获得参加见证马云太极禅院开张的机会。再次近距离接触马云，让我从马云身上学到了更多的东西。

同年10月，淘宝网举行一场公益专场拍卖会，拍卖马云的球衣、马云签名的足球、李连杰的T恤、太极禅院的16枚柿果等。看准这个机会，我参与竞拍，并以35790元拍下马云的球衣，并以29999元拍下李连杰的T恤。

这些东西，主办方原本要寄给我，但我主动联系马云的助理，提出不要邮寄，我要到杭州当面领取。10月28日下午，我带着自家产的10斤上好安溪铁观音，飞往杭州拜会马云。这次见面，我与马云一边泡茶，一边聊天，不仅合了影还获得共进晚餐的机会。会面结束后，马云还送给了我一本他的助理写的关于他的传记，并亲自题词：永不放弃！

是的，永不放弃，在对马云有了较深入的了解之后，我发现这四个字不仅贯穿了他的创业生涯，也贯穿了他的人生。

1982年，18岁的马云第一次走进了高考的考场。马云在文科上颇有天赋，但数学成绩连老师都不看好，不过马云在报考志愿表上毅然填上了：北京大学。那年的高考成绩出来以后，马云的数学成绩创了一个小奇迹，据说才考了1分。

初次高考落榜后，马云曾去酒店应聘服务生，结果老板觉得他外貌不过关，给拒绝了；应聘肯德基员工，也以失败告终。之后，马云只好找了一份给出版社送书的兼职工作，一边打工，一边复读，第二年再进高考考场，结果，数学成绩还是不好，只拿到了可怜的19分。

1984年，马云20岁，他迎来了生命中第三次高考。老师和同学们都不看好他，马云被刺激到了，于是熟背了数十条数学公式，考试时一个一个地套用。这个看似"愚笨"的办法，帮助马云的数学破天荒地拿到了79分。可惜的是，他总分数比本科线还差5分，只能上杭州师范的专科。不过或许是运气降临，由于杭州师范英语系当年刚升本科，招生人数不够，于是就从专科生中抽调了几名英语成绩好的学生直接上本科。正是这个天上掉馅饼的机会，改变了马云的一生，这位英语口语很厉害的瘦小青年，以本科生的身份踏进了杭州师范。

马云曾经说过："我永远相信只要永不放弃，我们还是有机会的。**最后，我们还是坚信一点，这世界上只要有梦想，只要不断努力，只要不断学习，不管你长得如何，不管是这样，还是那样，男人的长相往往和他的才华成反比。今天很残酷，明天更残酷，后天很美好，但绝对大部分是死在明天晚上，所以每个人不要放弃今天。**"

是的，创业无止境，创业者没有退路，要想取得成功，就一定要永不止步、永不放弃，**做个永远的创业者！**

有一句古老的谚语说得好：从来就没有所谓的失败，除非你不再尝试。如果在挫折面前不再尝试，那么就永远不再有翻身的机会，相反的，只要不断地尝试，那么成功就会在前面向你招手。

我曾经在某本杂志看到过这样一个故事：

在美国好莱坞，曾经有一位穷困潦倒的年轻人，在他最困难、最失意的日子里，即使他身上全部的钱加起来也不够买一件像样的西服，但他仍全心全意地坚持着自己心中的志向，他想做演员，拍电影，当明星。

当时，好莱坞共有500家电影公司，他逐一数过，并且不止一遍。后来，他又根据自己认真划定的路线与排列好的名单顺序，带着自己写好的量身定做的剧本前去拜访。但第一遍下来，所有的500家电影公司没有一家愿意聘用他。

面对百分之百的拒绝，这位年轻人没有灰心，从最后一家被拒绝的电影公司出来之后，他又从第一家开始，继续他的第二轮拜访与自我推荐。

在第二轮的拜访中，500家电影公司依然拒绝了他。

第三轮的拜访结果仍与第二轮相同。这位年轻人咬牙开始他的第四轮拜访，当拜访完第349家后，第350家电影公司的老板破天荒地答应愿意让他留下剧本先看一看。

几天后，年轻人获得通知，请他前去详细商谈。

就在这次商谈中，这家公司决定投资开拍这部电影，并请这位年轻人担任自己所写剧本中的男主角。

这部电影名叫《洛奇》。

这位年轻人的名字就叫席维斯·史泰龙。现在翻开电影史，这部名为"洛奇"的电影与这位日后红遍全世界的巨星都榜上有名。

在经历1849次拒绝后，第1850次的尝试终于取得了成功，这是一种什么样的精神？这恐怕可以和当年爱迪生发明电灯泡的灯丝所失败的次数相提并论了吧！

在这个世界上，人可以分两种，一种是成功的人，一种是放弃的人。这两种人站在同一条起跑线上，所不同的是，成功的人会在前进的路上上下求索，不断前行，即使是在抛锚的时候，他们也会重新找回动力，继续前进，因为他们知道，每前进一步，就离成功近了一步。而放弃的人在遇到一个小小的"路障"时，就停滞不前了。

创业维艰，对于创业者来说，如果要想让自己走得更好、更远、更长，就要像马云学习，树立永不止步、永不放弃的信念，认准目标，坚持到底。即使遇到一千次一万次困难也不放弃追求，不言失败，不退缩，不向命运屈服。如果能做到这点，那么你就一定会取得成功。

 森舟心得

如果你选择创业之路，那在面对挫折和失败的时候就要有韧性，能咬牙坚持下来，做到永不放弃。努力到无能为力！拼搏到感到自己！结果一定会让你欢喜不已。

像坚持初恋一样，坚持梦想

对一个企业负责人来说，坚定的、必胜的信念最重要。

——马云

2005年12月24日平安夜，在"阿里巴巴社区大会"上，马云说过这样一段话："初恋是最美好的，每个人第一次恋爱最容易记住，每个人初次创业的时候理想是最好的，但是走着走着就找不到这条路在哪里了，其实你的第一个梦想是最美好的东西……2001年网络泡沫破灭时，那三十几家公司，我记得现在全部关门了，只有我们一家还活着。我们是坚持初恋的人，我们是坚持梦想的人，所以能走到今天。"

马云的这段话，道出了一条创业至理，那就是对于有志于创业的人来说，首先要搞清楚，自己是否具有强烈的创业意愿，是否能始终坚持自己的理想。如果这两个问题的答案不明确，如果自己创业的意愿不够强烈，那么最好就不要选择创业了，因为打从创业的第一天开始，每天就会与"挫折"为伍，与"困难"为伴，要坚持下去，就需要你有矢志不移的强烈意愿。

我在学习人力资源课时，读到过这样一个案例。

一位刚毕业的女大学生到一家公司应聘财务会计工作，面试时便遭到拒绝，原因是她太年轻，公司需要的是有丰富工作经验的资深会计人员。女大学生却没有气馁，一再坚持。她对主考官说："请再给我一次机会，允许我参加完笔试。"主考官拗不过她，答应了她的请求。结果，她通过了笔试，由人事经理亲自复试的笔试。

人事经理对这位女大学生颇有好感，因为她的笔试成绩最好，不过，女孩的话让经理有些失望，她说自己没工作过，唯一的经验是在学校掌管过学生会财务。找一个没有工作经验的人做财务会计不是他们的预期，经理决定到此为止："今天就到这里，如有消息我会打电话通知你。"女孩从座位上站起来，向经理点点头，从口袋里掏出两块钱双手递给经理："不管是否录取，请都给我打个电话。"经理从未遇到过这种情况，一下子呆住了。不过他很快回过神来，问："你怎么知道我不给没有录用的人打电话？""你刚才说有消息就打，那言下之意就是没录取就不打了。"

经理对这个年轻女孩产生了浓厚的兴趣，问："如果你没被录用，我打电话，你想知道些什么呢？""请告诉我，在什么地方不能达到你们的要求，我在哪方面不够好，我好改进。""那两块钱……"

女孩微笑道："给没有被录用的人打电话不属于公司的正常开支，所以由我付电话费，请你一定打电话。"经理也微笑道："请你把两块钱收回，我不会打电话了，我现在就通知你，你被录用了。"

就这样，女孩用两块钱敲开了机遇大门。细想起来，其实道理很清楚：一开始便被拒绝，女孩仍要求参加笔试，说明她有很强的积极思维的能力和坚毅的品格。财务是十分繁杂的工作，没有足够的耐心和毅力是不可能做好的。她能坦言自己没有工作经验，这显示了一种诚信，这对搞财务工作尤为重要。即使不被录取，也希望能得到别人的评价，说明她有面对不足的勇气和敢于承担责任的上进心。员工不可能把每项工作都做得十分完美，我们可以接受失误，却不能接受员工自满不前。女孩自掏电话费，反映出她公私分明的良好品德，这更是财务工作不可或缺的。两块钱折射出良好的素质和高尚的人品。而人品和素质有时比资历和经验更为重要。

这个案例还反映出了一个很重要的问题，如果这个女孩没有强烈的意愿，在一开始遭拒绝就收兵，那么就可能得不到这份工作。但她不放弃，以勇敢的心态去主动要求、争取，她没有指望谁能帮上自己，她凭的是自己的勇气突破了即将到来的败局，赢得了成功。

通过这个案例，我想说明的是强烈的意愿有着何等的力量。佛家说，"一法通，万法通"，创业的道理也是如此，赢得成功或者说财富同样源于强烈的意愿。很多人不能收获财富和金钱，并不是他们缺乏才干或者赚钱的能力，而是他们本身就缺乏对自己的信心，也就是缺乏坚信自己会变得富有的信念。

当代社会，已经不是农耕时代，人的生存不再单纯依靠土地，而是以就业和创业而生；现代社会，是很多人开始失业的社会，也是很多人开始选择创业的社会。

我认为，一个人如果想要创业，首先就要搞清楚这样一个问题，自己为什么选择创业？选择创业，每个人所持的理由都是不同的，对此，我曾经问过很多创业的朋友，他们的回答五花八门："因为可以赚到很多的钱！""因为自由，没人管我！""因为可以不断挑战自我！""因为自己创业不受学历影响！""因为……"

不过，不管持有的理由是什么，在创业伊始，一定得有强烈的意愿，否则就不会有强烈的信念去面对挑战，克服难题。就像马云那样，在外界都不看好的情况下，将阿里巴巴发展成为在全球范围内数一数二的电子商务企业，靠的是什么？首当其冲的就是对创业成功有着强烈的信念，坚信自己的选择，坚信自己会取得成功。

现在"全民创业，万众创新"的时代，创业者中间不乏雄心勃勃者。有的人虽有良好背景、精密的计划，但却屡遭失败；有的人并无值得夸耀的资本，却事业有成。总之，商海中，成功与失败总是不断交替变化的，而能否收获财富，关键看你是否有强烈的意愿。

 森舟心得

　　要对财富有足够的信念。只要我们善于发掘生活中的机会，善于抓住每一个灵感，就可以为自己赢取利益，收获梦寐以求的财富宝藏。

持续的野心：不断进取，切勿满足于一时的成就

如果哪一天有人承认自己是成功的，那么也就意味着这个人开始走向失败。

——马云

我记得盛大网络创始人陈天桥先生说过这样一段话：当每天收入到一百万的时候，我觉得它是诱惑，它可以让你安逸下来，让你享受下来，让你能够成为一个土皇帝。当时我们只有30岁左右，急需要一个人在边上来鞭策。就像唐僧西天取经一样，到了女儿国，有美女有财富，你是停下来还是继续去西天？我们希望有人不断地在边上督促说，你应该继续往你取经的地方去，这才是你的理想。

马云在《赢在中国》节目现场曾经这样点评一个参赛选手："人不能沉浸在自己所谓的成功里面。所以我给你一个建议，人永远不要忘记自己第一天的梦想，你的梦想是世界上最伟大的事情。不能走到后面以后又改回来。"

的确，几乎每个人对于自己所想要做的事情，在达成之前都会花很多的时间做各种的努力，但是有很多人在取得初步成就后，往往就抱着"守成"的观念，再也不肯前进一步了。像这样的人，无疑是自己阻碍自己的前程，甚至还会压抑其他人的成长。这样的人在我的创业过程中见到过不少，所以，在取得一些小小的成就时，我虽然也会很兴奋很有成就感，但却不会沉迷其中，停滞不前。

我有一个战友，他退伍后去了上海，工作不久后自行创业，小有成就，又娶了位好太太，生活颇为滋润。有一次。我到上海出差顺便去看望他，他带我到消费颇高的锦江饭店去用餐。他虽不缺钱，但也没到可以随便去锦江饭店的份。所以，我对他说："都是老战友了，随便找个地方吃点算了。"他看出了我的意思，便说道："我不是打肿脸充胖子，也不是丢掉节俭朴素的作风，到这地方来对你对我都有好处。"我不解地问："为什么？"他说："你只有到这地方来，你才知道自己包里的钱少，你才知道什么是有钱人来的地方，你才会努力改变自己的现状。如果你总去小吃店就永远也不会有这种想法，我相信只要努力，总有一天我会成为这里的常客。"听了他的话我深有感触，他的话不一定对，从财富的拥有上讲，他也不算是大富之人，但他那种不满足现状的进取心却是所有伟大的成功者不可或缺的。

2006年，我正式入驻淘宝开店。开店仅三个月，我的店就获得三个"钻"，名列淘宝茶叶销售信用第一名。2008年，店里雇员已有20多人，家人也加入森舟茶叶，那一年网店销售额达200多万元，获评淘宝零售十大网商；2009年，我为自己的品牌注册商标，成功晋级中国网上零售消费品牌50强。在这些成就面前，我也有过一时的得意，但并不满足，并没有失去进取心，始终在寻求做大做强的机会，这是因为：

1. 如果不满足目前的小小成绩，就会充实自己，提升自己。上班的人也不忘继续学习，做生意的人不断搜集信息，强化公司实力，这些都是在创造机会、等待机会。

2. 小小成就也是一种成就，这也是自己安身立命的资本。但社会的变化太快，长江后浪推前浪，如果你在原地踏步，社会的潮流就会把你抛在后头，后来之辈也会从后面追赶过去。相比起来，你的"小小成就"在一段时间后根本就不是成就，甚至还有被淘汰的可能。比如在十年二十年前，大学生确实稀罕，而现在呢，已经到处都是，大学生找不到工作都已经不是新闻了。

3. 一个人不满足于目前的成就，积极向高峰攀登，就能使自己的潜力得到充分的发挥。比如说，原本只能挑100斤重担的人，因为不断地练习，进而突破极限，能挑起120斤甚至150斤的重担。因为一个人只要安于现状，就失去了上进求变的动力，没有动力，就不会有付诸切实的行动。

如果我们想做成某件事，最佳时机一定是当我们目标明确、激情勃发、斗志昂扬的时候。每一个人在情绪饱满时，做什么事情都变得轻而易举。相反，如果一次次地拖延和延缓，就会削弱我们的意志，反而需要用越来越不情愿付出的努力或牺牲来达到目的。

人们不可能指望一个放任自己、随波逐流的年轻人有什么大作为，因为他们往往是安于现状的。即使他们知道自己体内还有许多潜力可挖，也还是以各种各样的方式白白浪费耗损，面对停滞不前的现状他们还能不为所动、安之若素。也许他们总会有这样那样的收获或成就，但他们永远只能被眼前的小小成就蒙蔽了眼睛，看不到山外有山，人外有人。这些小成就成了他们可炫耀的资本，却不知人生还有更多伟大的目标等着去实现。就这样甘于平淡的生活，他们体内曾潜藏的那点潜能也将因为长久的被弃之不用而逐渐荒废消亡。只有那些不满足于现状，渴望着点点滴滴的进步，时刻希望攀登上更高层次的人生境界，并愿意为此挖掘自身全部潜能的年轻人，才有希望达到成功的巅峰。

森舟心得

很多人都是理想过于平庸，或者说跟他们的能力相比，他们的目标过于低调。你不可能指望一个总是回头看的人能攀登上顶峰，我们的抱负必须略高于我们的能力。这就要求你不能满足于眼前的小小成就。

清醒的认知：活下来，赚钱，这才是创业公司的目标

初创公司，活下来，赚到钱，就是最大的战略。

——马云

我曾接受过一位记者的采访，过程中聊起我的童年，我回忆说自己从小就比较笨，和别的孩子一起上学，别的孩子都学会数1~10了，自己还不懂1到底是什么意思。又说我小时候就特别单纯，长大了还是一根筋，认定的事情就一定要做下去。这位记者听到这里忍不住插话："哈哈，许三多啊！"我当时听了很高兴，觉得是这次接受采访听到的最有趣的一句话了，所以，我对记者说，"我挺欣赏许三多的，不抛弃不放弃，挺受感动的一句话。"

许三多是热播电视剧《士兵突击》的主人公，我之所以欣赏许三多，除了我也当过兵，能真实体会他的经历之外，更是欣赏他身上所体现出来的那种精神。除了"不抛弃不放弃"这句话外，我还特别喜欢他说的另一句话："什么是有意义？有意义就是好好活着。什么是好好活着？好好活着就是做很多很多有意义的事。"许三多的这句话是一句十分简单的"傻话"，但也是至理名言，且非常适合创业者。我认为，作为创业者，当务之急是怎么才能生存下去，而不是急功近利地想要一夜暴富，否则，就会栽大跟头。

我认识一位原本是做实体生意的年轻人，他对我说他所在的行业竞争太激烈，赚钱不容易，想转行做电商。我当时劝他说，现在电商这一行已经人满为患，一些实力很强的公司都觉得生存艰难，你没有经验也缺乏相关人才，贸然

投入，未必有利。他说："没有经验怕什么？我刚做实体的时候，也没什么经验，还不是做下来了？"他执意转行，结果因为对电商缺乏了解，没有足够竞争力，一年下来，几乎赔光了本钱。

这个年轻人所犯的错误在我看来就是不懂得这样一个道理：有活下来的资本，才有赚钱的资本，不能"好好活着"，也就不可能"努力挣钱"。

有一次，我和几个做微商的朋友聊天，聊到刚开始做微商的当务之急。当时我对这样一句话深有同感，几位朋友一致认为："当务之急就是想办法活下来——先活命要紧，赚多少钱是次要的。"当时我的淘宝店在经营上遇到了一些困难，那些日子我差不多每时每刻都在想怎样让我的店活下来，朋友们一致的观点引起了我强烈的共鸣。

很多人看到我们创业，觉得我们是成功者，其实他们看到的只是我们外在的光鲜，却不了解我们一路走来的艰辛。对于创业者来说，创业初期甚至创业之后很长一段时间内，当务之急都是想方设法让公司活下来，能够稳稳当当地向前发展。

马云曾说过："小公司的战略就是两个词——活下来、挣钱。"马云用他创业的亲身经历告诉我们：企业生存永远是第一位的，至少在创业阶段，先挣到一些小钱，想办法活下来，之后再去思考进一步发展壮大企业的问题。看看如今的阿里巴巴，我们有理由相信马云当初将"活下来"作为企业的战略目标是明智的。

活下来以后，要思考的问题自然是赚钱，这没有什么不好意思说的。

日本"经营之神"松下幸之助说过一句话："企业家的使命就是赚钱，如果不赚钱那就是犯罪。"英特尔公司的首席执行官格鲁夫也说过，一个企业家赚钱叫道德，企业家不赚钱就是缺德。如果企业家不赚钱，肯定是会给社会、给家庭、给个人、给团队、给员工造成严重伤害的。

而作为一个创业者，最应该做的事情就是在遵守法律和社会公德的前提下，努力地去赚钱。

在历史上，金钱曾被各个民族广泛地看作一种罪恶或者至少是准罪恶的东西，但犹太人除外。犹太人认为，赚钱是最自然的事，如果能赚到的钱不赚，这简直是对钱犯了罪。

犹太人加利曾为一个贫穷的犹太教区写信给伦贝格市一个有钱的煤商，请他为了慈善的目的赠送几车皮煤来。

商人回信说："我们不会给你们白送东西。不过我们可以半价卖给你们50车皮煤。"

该教区表示同意先要25车皮煤。交货3个月后，他们既没付钱也不再买了。

不久，煤商寄出一封措辞强硬的催款书，没几天，他收到了加利的回信：

"……您的催款书让我们无法理解，您答应卖给我们50车皮煤减掉一半，25车皮煤正好等于您减去的价钱。这25车皮煤我们要了，那25车皮煤我们不要了。"

煤商愤怒不已，但又无可奈何。他在高呼上当的同时，却又不得不佩服加利的聪明。

在这其中，加利既没耍无赖，又没搞骗术，他仅仅利用这个口头协议的不确定性，就气定神闲地坐在家里等人"送"来了25车皮煤。

这就是犹太人的赚钱高招。犹太人爱钱，但从来不隐瞒自己爱钱的天性。所以世人在指责其嗜钱如命、贪婪成性的同时，又深深折服于犹太人在钱面前的坦荡无邪。只要认为是可行的赚钱方式，犹太人就一定要赚。这就是犹太人经商智慧的高超之处。

我认为，作为创业者，应该向犹太人学习，抛开传统的偏见，虽然不能金钱至上，但一定要敢于挣钱，善于挣钱。

 森舟心得

坚持自己的信念和目标，什么都别想，让企业存活下去，积累财富，这才是创业者应有的态度。

第三章

没有激情，创业必败

马云教给我的创业激情课

马云说：短暂的激情只能带来浮躁和不切实际的期望，它不能形成巨大的能量；而永恒持久的激情会形成互动、对撞，产生更强的激情氛围，从而造就一个团结向上充满活力与希望的创业团队。

近乎疯狂的激情：创业就是"不疯魔，不成活"

没有一种近乎疯狂投入的激情，创业必败。

——马云

电影《太极张三丰》是功夫巨星李连杰的代表作之一，在电影中，对张三丰这个武术宗师名字的来历有一番妙解，认为张三丰是在遭遇重大打击后，心智失常，一天三疯，故应该叫作"张三疯"。这实在是一个非常妙的看法。

电影中，张三丰因为一天三疯而顿悟了太极之道，而对于创业者来说，也需要一种"疯"劲，马云的创业过程就很具有代表性。

作为阿里巴巴帝国的王者，马云在"疯"的表现上，不逊于"张三疯"，称其为马三疯、马四疯也不为过。当然，马云的"疯"并不是真疯，而只是他的眼光、胆气和魄力的体现。

从创业伊始，马云的很多行为在常人甚至是身边人看来，都是近乎不可理解的"疯"。

第一疯：

1995年，马云满30岁，到了而立之年。

而这一年，他也实现了自己当年许下的承诺，在杭州电子科技大学任教满六年。这一年的他还因为教学成绩突出，而被评为杭州十大杰出青年教师；同时，他所供职的杭州电子科技大学的校长对他许诺，将来让他当学校驻外办事处主任。

可就在大家都认为他在学校发展前途光明的时候，马云却做了一个疯狂的决定，他毅然丢掉高校老师的铁饭碗，投身自己完全不懂的互联网。身边的人都被他的决定惊呆了，甚至连父母也认为他"疯"了。马云找来24个朋友征求意见，结果找来了23张反对票。

"其实最大的决心并不是我对互联网有很大的信心，而是我觉得做一件事情经历就是一种成功，你去闯一闯，不行你还可以掉头。但是如果你不做，就像晚上想想千条路，早上起来走原路，一样的道理。"

第二疯：

在创立阿里巴巴的时候，国内网站都是拿美国的门户网站做模子，没有人看好电子商务。在杭州那个非著名小区湖畔花园马云的家中，在那段画面模糊的视频里（马云特意拍摄了视频），马云像个巫师一样疯狂地摇唇鼓舌、振臂高呼。这次马云"疯子般"的设想得到了身边"十八罗汉"的支持，尽管当时他们中有很多人完全不看好马云的想法。

"黑暗之中一起摸索、一齐喊，我喊叫着往前冲的时候，你们就不会慌了。你们拿着大刀，一直往前冲，十几个人往前冲，有什么好慌的？"

第三疯：

2000年，全世界的网络弄潮儿想着法子、绞尽脑汁从投资人口袋中圈钱时，马云又"发疯"了。2000年底，经过和马云多次的接触和对阿里巴巴的深入了解之后，软银总裁孙正义决定向阿里巴巴投资3000万美元。3000万美元在当时是一个非常巨大的数字。这条新闻在当时的互联网界引起了轰动，人们都认为这次马云和阿里巴巴是交上了好运。可马云却又犯了"疯病"，在经过一段时间的思考后，他做出了出乎所有人意料的举动，他竟然决定只接受软银2000万美元的投资。

"是的，我是在赌博，但我只赌自己有把握的事。尽管我以前控制的团队不超过60人，找我的钱最多只有2000万美元，但2000万美元我管得了，过多的钱就失去了价值，对企业是不利的，所以我不得不反悔。"

第四疯：

2003年5月，淘宝在"非典"中问世，马云向行业老大eBay易趣发起了正面挑战。

当时易趣已经占领了中国绝大部分的C2C市场份额，而且背后有行业老大eBay撑腰。马云却宣布投资1亿元打造淘宝网，整个互联网都为之震惊，很多人都说马云是彻底疯了，还有很多人认为马云傻到了极点。可是不到两年时间，淘宝网便问鼎国内C2C市场，占市场份额近七成，而竞争对手易趣还不到三成。"疯子"马云再次成功了。

"网络上面就一句话，光脚的永远不怕穿鞋的。"

……

马云的"疯"还不只是在创业历程中做的事情，还有他那"语不惊人死不休"的疯狂口才。时常向公众展示笑脸的马云，虽然从没刻意去勾画自己的公众形象，可总能在不经意间"艳惊四座"。所有的媒体报道似乎都如出一辙地为马云画了一幅如此肖像：马云＝"狂妄、执着、疯癫"的互联网精英。他在为自己画出这一形象之后，旋即开始了"互联网疯子"的自我成就之路。

创业者要想取得成功，是需要一点"疯狂"的。在这一点上，我的成就虽然和马云差得很远，但自认为"疯狂"的劲头并不逊色多少，不了解我的人，甚至会认为我是"神经病""大忽悠"。

2012年"光棍节"，森舟茶叶销售额突破千万元大关。那天，我心情非常好，专门去理发店理发，当时，理发师对我说："哥，你长得好像陈奕迅啊！剃个'奕迅头'吧，再不疯狂我们就老了。"结果，我听从了他的意见，将左边的剃光，右边烫成卷发，还染成黄色。我的这个新形象在互联网上传开后，很多同行包括一些朋友都认为是疯子行径，但意外的是，许多"粉丝"却纷纷为我点赞，我的知名度一下子就上去了。于是，我干脆将微信号改为"电商陈奕迅"。"电商陈奕迅"就此横空出世，此后，不仅我的淘宝店生意更火了，在"网红"之中，我也成为知名度最大的一个。

让我更加兴奋的是，我的这一疯狂之举也得到了马云的认可。2013年，森舟茶叶销售额突破2000万元，仅用不到一年时间，销售额就提升了近一倍。这一年的5月9日，作为30名优秀电商之一，我获得参加见证马云太极禅院开张大会的机会，再次近距离接触马云。和马云聊天时，他对我说："21世纪，你能否成功，就看你和谁绑在一起。一根稻草，如果丢在大街上就是废物；如果绑在螃蟹身上，就是螃蟹的价格。"然后，他就笑着对我说："你的发型就是颠覆性的，你一斤茶叶卖1688元也是颠覆性的。"

2014年4月17日，作为电商代表，我与泉州一家知名服装企业的老板同台。这位老板告诉我：会叫的品牌才会赚钱，会叫的人也会赚钱。年轻人你要会叫！

当时，我在左手戴了一块爱马仕手表。马云说颠覆，就是做人不敢做的事情。我看大家手表都戴在右手，我偏偏就戴在左手。

"你这叫颠覆吗？我再送一块手表给你。左右手都戴手表。"这位老板对我说。

我当时脱口而出：神经病才戴两块手表！

没料，这位老板拍了拍我的肩膀，竟然说道：对，神经病才会成功。天才和疯子只有一线之隔。之后，这位大佬真的送了我一只名贵手表，我一直戴在手上。

与马云和上面这位企业老板的两次对话之后，我犹如醍醐灌顶。是的，创业，就要有一种近乎疯狂的激情！

有人说成功的人与正常人不太一样，这也是为什么成功的人只有3%的缘故，而"这个不太一样"中就有疯狂的因子，当然，我们应该认识到，这种疯狂不是指盲目的偏执，它代表的是一种大胆的想象、坚定的忘我和专注的执着。把自己的主要精力和时间放在热爱的事业上，最终利用聚焦原则把能量发挥到最大，取得的效果也会最佳。马云的疯狂无疑就是这一种。就像他自己所说的："我记得是 *TiMe Magazine*（《时代周刊》杂志）首次把我说成疯子的，批评我的想法不切实际。我当然不觉得自己crazy（疯狂），只是think different（想法不同）。你看，我没有信口雌黄，我已把所有被喻为'疯狂'的想法做到了！"

 森舟心得

　　一个四平八稳的创业者，或者看似非常稳妥的方式创业，往往并不见得就能成功。创业，在很多时候，就需要一种近乎疯狂的激情。人生保持巅峰状态，转角才会遇到爱。

学会激励你自己：要能用左手温暖右手

我能走到今天没有任何理由，唯一的理由是我比我同龄人更加乐观，更加会找乐子，更加懂得左手温暖右手，相信明天会更好，就是这样。

——马云

创业就是选择与困难、挫折为伍，如何正确应对呢？马云结合自己的创业经历，给出了这样的建议：

在困难的时候，你要学会用左手温暖你的右手。你在开心的时候，把开心带给别人，在你不开心的时候，别人才会把开心带给你。开心快乐是一种投资，你开心就要和别人分享，然后有一天别人会回报于你。

如果你在创业第一天就说，我是来享受痛苦的，那么你就会变得很开心。我1992年做销售的时候，我说创业的乐观主义很重要，销售十次，十次为零，出去以后，果然是零，说得真对，要奖励一下自己。

对于创业者来说，成功之前的生活，绝大多数时候是艰辛的、孤独的、无助的。遭遇挫折和失败时，也只有自己舔干血迹，挣扎着爬起，继续前行；你苦苦地挣扎，为成功而努力，表现得与众不同，而他人投来的往往是不屑的眼光，这个时候，你就只有自己给自己打气、加油，自我激励，才能将创业之路继续走下去。

刚开始被称为"双表哥"时，我也是很反感的，并反感了很长时间，认为这个称号是负面的，包括"电商陈奕迅"的称号，好多人背后都说我"人丑多作怪"，这些我都知道，我不生气吗？开始的时候，我当然也生气，但是后来，我看开了，从马云身上学会了激励自己。马云的相貌也被很多人说丑，甚至被形容为"外星人"，可他依然抓住一切机会，勇敢展现自己，在遭受挫折和打击的时候，就用"左手温暖右手"，通过自我激励使自己振作起来，他之所以能有今天的成就，离不开这种"精神胜利法"。**我要向马云学习，当然也要学会自我激励，别人说我"双表哥"，说我"人丑多作怪"，我反而更要这样去做，并开启"自黑"的自我激励模式。**被别"人黑"的确是痛苦的，但当你习惯了"自黑"，就不会将其放在心上。所以，人要懂得"自黑"，不要等着让别人来"黑"你。

下面再跟大家分享一个故事：

以色列的大卫王（约公元前1000年），在还没当上国王之前，有一次给当兵的哥哥送饭。在走近前线时，他看见敌军的头号人物巨人歌利亚正在嘲弄以色列士兵，以引起他们（包括国王所罗）内心的恐惧。见此情形，毫无惧色的大卫勇敢地调动起自己的积极性来，向歌利亚挑战，跟他厮杀，并最终杀死了歌利亚。

在大卫之前，所罗王的军队中是没有人能杀巨人的。而大卫是第一个敢于向巨人挑战并杀死巨人的，后来以色列军中又产生了许多打败巨人者。

在所罗王的军队中，以前为什么没有能杀巨人者？最重要的原因就是所罗王本人缺乏杀巨人的勇气，他没有给他的臣民树立榜样，显示像勇士一样面对巨人的积极性。但是，在大卫的领导下，许多士兵都被调动起来，自我激励，相信自己可以打败巨人。

瞧！自我激励的力量就是这么巨大。因为所在行业不同，我并不认为我的"自黑"有什么普遍性，但如果你不知道怎样激励自己，我这里还是有一些针对性较强的技巧可以分享：

1.调高目标

真正能激励你奋发向上的是：确立一个既宏伟又具体的远大目标。许多人惊奇地发现，他们之所以达不到自己孜孜以求的目标，是因为他们的主要目标太小，而且太模糊，使自己失去主动力。如果你的主要目标不能激发你的战斗力，目标的实现就会遥遥无期。

2.寻求挑战

不断寻求挑战，体内就会发生奇妙的变化，从而获得新的动力和力量。但是，不要总想在自身之外寻找挑战。令你发生积极变化的因素不在别处，就在你身上。因此，找出自身的情绪高涨期用来不断激励自己。

3.慎重择友

对于那些不支持你目标的"朋友"要敬而远之。你所交往的人会改变你的生活。结交那些希望你快乐和成功的人，你在人生的路上将获得更多益处。对生活的热情具有感染力，因此同乐观的人为伴能让我们看到更多的人生希望。

4.正视危机

危机能激发出我们无限的潜力。无视这种现象，我们往往会愚蠢地创造一种舒适的生活方式，使自己生活得风平浪静。当然，我们不必坐等危机或悲剧的到来，只是需要有这种正视危机的态度。

5.精工细笔

激励自我，如绘一幅巨画一样，不要怕精工细笔。如果把自己当作一幅正在创作中的杰作，你就会乐于从细微处做作改变。一件小事做得与众不同，也会令你兴奋不已。

6.敢于犯错

有时候我们不做一件事，是因为我们没有把握做好，怕犯错。我们感到自己"状态不佳"或精力不足时，往往会把必须做的事放在一边，或等灵感的降临。你可不要这样。如果有些事你知道需要做却又提不起劲，尽管去做，不要怕犯错。给自己一点自嘲式幽默，抱一种打趣的心情来对待自己做不好的事情，一旦做起来了尽管乐在其中。

7.加强排练

先"排演"一场比你要面对的局面更复杂的战斗。如果手上有棘手活而自己又犹豫不决，不妨挑件更难的事先做。记住哈佛人的成功真谛：对自己越苛刻，生活对你越宽容；对自己越宽容，生活对你越苛刻。

8.迎接恐惧

世上最秘而不宣的体验是，战胜恐惧后迎来的是某种安全有益的东西。哪怕克服的是小小的恐惧，也会增强你对创造自己生活能力的信心。如果一味想避开恐惧，它们就会像疯狗一样对你穷追不舍。此时，最可怕的莫过于双眼一闭假装它们不存在。

9.把握情绪

人开心的时候，体内就会发生奇妙的变化，从而获得新的动力和力量。所以，不妨找出自身的高涨情绪，以此来激励自己。

 森舟心得

　　创业之路上，必然会遇到许多的艰难险阻，这时候，保持前进的动力是十分必要的，学会激励自己，不断地给自己打气，这样，也才有前进的动力。

拥有持久的激情：短暂的激情不值钱

别人可以拷贝我的模式，不能拷贝我的苦难，不能拷贝我不断往前的激情。

——马云

我曾在某本创业书上看到过德国人阿尔贝特·施威茨尔写那首的《创业宣言》，看完令我备受感动和激励，这里分享给广大创业者：

我怎会甘于庸碌，
打破常规的束缚是我神圣的权利，
只要我能做到。
赐予我机会和挑战吧，
安稳与舒适并不使我心驰神往。

不愿做个循规蹈矩的人，
不愿唯唯诺诺麻木不仁。
我渴望遭遇惊涛骇浪，
去实现我的梦想，
历经千难万险，哪怕折戟沉沙，
也要为争取成功的欢乐而冲浪。

一点小钱，

怎能买动我高贵的意志。

面对生活的挑战，我将大步向前，

安逸的生活怎值得留恋，

乌托邦似的宁静只能使我昏昏欲睡。

我更向往成功，向往振奋和激动。

舒适的生活，怎能让我出卖自由，

怜悯的施舍更买不走人的尊严。

我已学会，独立思考，自由地行动，

面对这个世界，我要大声宣布，

这，是我的杰作。

相信这首《创业宣言》不仅是阿尔贝特·施威茨尔的心声，也是世界上大多数创业者的心声。的确，创业能充分挖掘人的潜能和激情。反过来讲，激情则能最大限度地激发创业者的潜能，让创业者执着地朝着自己的目标迈进。

对于创业者来说，激情的确是必不可少的精神力量，但是，创业者不能只有短暂的激情，无论你选择的是什么行业，需要的更是保持持久的激情。

马云一直认为，短暂的激情是不值钱的，只有持久的激情才是值钱的，而激情不能受到伤害。

在《赢在中国》节目中，马云对此有详细的讲述（有删减）：

短暂的激情只能带来浮躁和不切实际的期望，它不能形成巨大的能量；而永恒持久的激情会形成互动、对撞，产生更强的激情氛围，从而造就一个团结向上充满活力与希望的团队。永不言败，永不放弃，不仅是对公司而言，更是对公司里的每个同事而言，是对自己人生和职业生涯的一种态度。一个有追求的人会不断唤醒自己的激情，并用自己的激情去影响四周的人；得过且过不是阿里人崇尚的作风！

......

激情来得快，去得更快。你可以失败，可以失去一个项目，但是你不能放弃。一个员工第一天晚上很晚下班，疲惫地离去；第二天一早，他又笑着回来了，这就是激情。激情是可以传递的。这样一来，整个公司的氛围就变好了。

......

1988年，马云在从杭州师范学院外语系毕业后，被分配到杭州电子工业学院当英语老师，同时兼任学院外办主任，这段教师经历也教会了马云很多事情。马云后来回忆说："在学校教书的5年，给我带来的好处就是知道了什么是浮躁，什么是不浮躁，知道了怎么做好点点滴滴，创业一定不能浮躁。"

在马云看来，创业容易让人产生激情，但是也容易因为挫折而失去激情，尤其是一件从未有人做过的事，面临的难度将会更大，将会有很多从未想到过的、出乎意料的困难，而显然，如果没有持久的激情，在这些困难面前，选择退却乃至放弃是很容易的事。

我对马云的说法高度认可，也在创业实践中予以贯彻。一年365天，毫不夸张地说，我几乎有90%的时间在全国到处飞，累计飞行里程已达到45万公里。近四年来，我和十多万人合过影，以至于每次都要戴着护腰上阵，以免身体吃不消。我有2部手机，每个人都可以加我的微信，总共22个微信号，每天有数十近百人加为好友，一个月满一个号，其中18个号是满的，总计9万多人。当然，这其中只有1个微信号是我的个人私号，其他则归8名助理管理。像这样的生活，无疑需要持久的激情，否则不可能坚持下来，而我之所以能坚持这么长时间，正是因为我时刻铭记着马云的那段话："短暂的激情是不值钱的，只有持久的激情才赚钱。"

我记得有一个心理学实验，也可以证实马云的说法。这个实验是这样的：

将一只凶猛的鲨鱼和一群热带鱼一起放到同一个池子里，接着，再用强化玻璃将他们隔开。最开始的时候，凶猛的鲨鱼每天都去用力冲撞那块它看不到的玻璃，尝试了玻璃每个角落，每次都全力以赴，就是想冲过去吃掉那些"美味"的热带鱼，但结果却总是弄得自己伤痕累累，有好几次甚至撞得浑身是血，持续了一段日子，玻璃开始出现裂痕，于是实验人员就加上一块更厚的玻璃。时间一长，鲨鱼终于不再冲撞那块玻璃了，实验的最后阶段，实验人员将玻璃全部取走，可鲨鱼却依然没有反应，每天仍是在固定的区域游着。很显然，它已经失去了最初的激情。

有些人刚刚创业的时候，往往壮志凌云，充满激情，但这种激情在遭受打击时，往往就会偃旗息鼓，或者凭着这股激情做出了一定成就，然后就自满起来，不思进取，最终，创业都是以失败告终。这就像鲨鱼一样，一层玻璃就会让它失去以往的激情。

总之，持久的激情对创业而言不可或缺，具体而言，我认为至少有以下几个重要作用：

1.持久的激情是创业遭遇逆境和失败时的强心剂

创业是充满美好的，但是，在这条路上你要面对的逆境和失败要比给别人打工时多得多。打工时你可以推卸，即使错了，造成的损失由你的老板负责。但是今天你创业了，你不能推卸，你也不希望有损失，因为损失的是自己的。可是，创业难以避免逆境。遇到逆境怎么办？是消极对待，还是充满激情去解决？答案当然是后者。这时你需要打起精神，告诉自己，没有过不去的坎，你要充满激情地积极面对并解决这些问题。

2.持久的激情使你高效率忘我地创业

激情创造事业，事业激发激情，没有激情的创业就是没有效率的创业。当你浑身充满激情地去为自己创业时，你会感到浑身充满力量，总有使不完的劲。你发现你的大脑是如此明，你有这么多的智慧。你废寝忘食，你发现你的效率是如此的高。这一切，都源于你的激情。特别是你第一次创业，你会感觉你的效率要比上班时高好几倍。

3.持久的激情激励你的团队和下属

创业者是团队的领导，是核心角色，一言一行都影响着整个团队。你选择退，整个团队选择退；你选择前进，整个团队选择前进；你充满激情，团队也斗志昂扬；你满脸愁容，整个团队也阴云密布。要知道，情绪是会互相感染的，一个士气低落的队伍和一头绵羊带领的队伍是没有什么区别的。兵熊熊一个，将熊熊一窝。一个充满激情的团队焕发出的能量是你孤军奋战的十倍，同样，给你带来的收入自然也能提高十倍，你才是最大的受益者。

 森舟心得

如果把创业看作一项比赛，那么，长跑是最恰当的比喻。在漫长的创业之路上，创业者能不能顺利抵达终点，不在于起跑的速度有多快，而在于到底能坚持多久。创业者，最不乏的就是激情，但是这种激情能否保持长久的热度，直接决定了最终的成败。十年树木，百年树人，我们要拉长回报周期，沉淀越深，爆发得越快。

不要让激情分散：专注，集中力量先做成功一件事

力量还很渺小的时候，必须非常专注。

——马云

对于创业者来说，激情是必不可少的精神支柱，但是，单纯拥有激情并不够，还需要保持专注的精神，不能分散自己的激情，否则，激情就无法爆发出最大的能量。一个创业者不论选择的是什么行业，都需要专注的精神，将激情集中于一件事情上，先做成功一件事，然后再考虑去另一件事情。

看看现在的知名企业家，或许他们也涉足了别的领域，但无疑都是有一个核心业务或者是在一个领域已经取得成功的，比如，马化腾做聊天软件、董明珠做空调、张近东做家电连锁、李彦宏做搜索引擎、史玉柱做保健品……这些优秀的企业家都是先专注地做成功一件事，然后才去尝试多元化的。

在我看来，马云无疑也是一个极富有专注精神的人。对于马云的专注精神，马云好友、软银总裁孙正义的说法最为中肯："**在众多的企业家当中，马云是唯一一个三年前对我说什么，现在还是对我说什么的人。**"

在一次经济论坛上，马云阐述了自己的专注经营理念。马云认为，虽然自己不知道今后阿里巴巴会是什么样子，但是在未来的3年到5年，他仍然会围绕电子商务发展阿里巴巴，马云觉得阿里巴巴绝对不能离开这个中心。正因为专注于电子商务，才成就了马云和阿里巴巴今日的辉煌。

专注是什么？所谓专注，就是对于理想的追求，是对于完美的追求，是对

于专业精益求精的追求，是持久的将激情集中于某一件事情上。像马云那样，专注于自己的事业，在一件事彻底做成功之前，切勿让激情分散，这一点对创业者来说非常重要。因为专注是成功之匙，它将会打开通往财富之门、荣誉之门。

现在，我们来看看创业者应该如何学会专注：

1.切勿分散力量

《成功杂志》庆祝创刊100周年时，编辑们曾经摘录了一些早期杂志中的优秀文章。在这些优秀文章中，令人印象最深的是西奥多·瑞瑟写的一篇摘录文章。

以下是他和爱迪生访谈的部分内容：

瑞瑟："成功的第一要素是什么？"

爱迪生："每个人整天都在做事。假如你早上7点起床，晚上11点睡觉，你做事就做了整整16个小时。其中大多数人肯定一直在做一些事。不同的是，他们做很多很多事，而我却只做一件事。假如你们将这些时间运用在一件事情、一个方向上，那就更有可能取得成功。"

2.把握现在

包括我们在内的大多数人不是略微超前，就是略微落后，可又有谁能准确无误地把握现在呢？假如他们正在与人交谈，他们可能同时回想自己刚才说的话、别人说过的话，甚至一些无关的事情。

我们不妨从表演艺术中学习宝贵的经验。在表演艺术中，最好的演员最能融入现在。他们即使把台词背得滚瓜烂熟，也会对接下来的台词有着全新的感觉。我们缺乏的就是这一点。

我们也必须融入现在。融入现在需要集中注意力，必须做到两个方面：一是目标，要注意正在发生的事；二是密集度，由于集中所有的力量在一件事情上，也就产生了密集度。

3.激发满溢状态的潜能

所谓满溢状态，是发生在精神高度集中之时，由于心智状态过于专注而忽略其他无关的事物的存在。

专精于研究满溢状态行为的专家米哈利曾经利用类似竞赛的挑战状态，成功地激发出满溢状态行为。通过试验证明满溢状态最有可能发生在个人处于与任务难度约略相当的情况下。一般有两个方面：如果任务很难，人会感觉焦躁不安；如果任务太简单，人反而觉得更无聊。

由于身在满溢状态下的人会丧失对时间的感觉，而且在满溢状态下，人会完成通常所无法完成的高难度工作，所以满溢状态被列入时间管理的主要技巧。在《利用右脑》一书中，贝蒂·爱德华描述了可以造成满溢状态或类似的经验技巧，她的方法是根据左脑的机制：语言、分析、符号、理智、数字、逻辑与线型；而右脑的机制则由非语言、组合、非理智、直觉与道德的观念而来。爱德华对这种经验有着精妙的描述："那是一种从未有过的经验。当我工作得很顺利的时候，我感到自己的工作就如同画家与手中的作品合二为一，我兴奋极了，但极力克制着。那种感觉并不完全是快乐，倒更像是幸福。"

4.狂热与沉迷

沉迷于事业、工作的人，可以做比平常人更多的事情，并且通常很有效率。《烟草路》与《上帝的小乐园》的作者厄斯金·卡德韦尔，由于总是以事业为重，奉工作为上，导致婚姻三次破裂，而且连亲密的朋友也没有。卡德韦尔感慨地说，在过去的岁月里，除了事业外，他竟毫无其他的乐趣。

作家艾萨克·爱斯莫夫为了不影响自己的写作，竟放弃了度假。他认为，最难做的事是，有人打断他写作时，而他还得强颜欢笑。亨利·福特也有同感："我有的是时间，因为我从来不离开工作岗位；我不认为人可以离开工作，他应该朝思暮想，连做梦也是工作。"这些话让我们听来，简直有点儿不可思议。

有人会认为这些人不该把精力和时间浪费在这些事物上，可他们并不这么认为。因为在他们眼中，那是乐趣而不是牺牲。我们没有必要为这些沉迷的人感到难过，虽然其中原因很多，有些是来自无知、天真或沮丧，甚至有的是来自罪恶感。但无论怎么说，我们应为他们那种沉迷的态度而叹服，并学习其中积极有益的东西——对于创业，多一些沉迷的精神。

 森舟心得

　　专注在非常有限的事情上，简化要做的事情，做有限的事情，同时紧盯成本的控制，这样才有可能创业成功。

第四章

永远把自己的笑脸露出来

马云教给我的创业心态课

马云说：快乐不是一个概念，概念永远不是一个企业的核心竞争力。任何一个创业者要永远把自己的笑脸露出来，很难想象一个痛苦的脸可以给人带来快乐。所以，快乐是需要展示出来的，你要把自己的快乐展示出去。

让创业更快乐：没有笑脸的创业公司很痛苦

> 在阿里巴巴，员工可以穿旱冰鞋上班，也可以随时来我办公室，总之一定要让员工爽。
>
> ——马云

"快乐工作"是马云和阿里巴巴团队一直在努力营造的核心文化。

在马云看来，员工工作的目的不仅包括一份满意的薪水和一个好的工作环境，也包括在企业中快乐地工作。事实上，马云曾不止一次在公众讲话中强调，阿里巴巴最大的财富就是员工，**不快乐地工作就是对自己的不负责任**。马云要求自己的员工"上班像疯子，下班笑眯眯"，不要把工作当成负担，每天像个苦行僧一样地活着。用他的话说，"没有笑脸的团队是痛苦的"。

在阿里巴巴，到了休息日，也有很多人在加班，是工作太多了还是员工都是工作狂？都不是，马云给出的答案是："其实你们认为这是工作，我们认为是工作更是快乐。""我付员工的工资可能不是同类公司里最高的，但是我自信工作起来，阿里巴巴的员工是最开心的。"

在阿里巴巴，马云不仅提倡"快乐工作"，他自己也是快乐的制造者，最具代表性的就是每次的阿里巴巴年会，马云都会上台表演，或唱歌，或化妆成巨星，以此将快乐分享给阿里巴巴的员工。

最值得一说的是，在某次为100名乡村教师颁奖的晚会上，马云还联袂著名喜剧演员宋小宝，为台下观众表演了一个小品《乡村教师》。小品中，马云扮演一个"微服私访"的校长，到大山里看望自称培养出一批人才的明星老师宋小宝。二人合作无间，在台上调侃了数位大佬，王健林、许家印、史玉柱还有年轻钢琴家郎朗。马云幽默的表演风格，逗得台下观众哈哈大笑，表演气场一点也不弱于宋小宝。

在马云身先士卒的带动下，"快乐工作"可以说已经成为阿里巴巴的企业文化，不仅使阿里巴巴的员工能够快乐地工作，而且也为阿里巴巴团队吸引了众多人才。邓康明就是其中最具代表性的一位。

在加盟阿里巴巴之前，邓康明先后在ORACLE中国、微软中国担任过人力资源一职。2004年，当邓康明决定离开微软中国时，某大型跨国公司曾开出高于微软中国20%的薪金及携带妻儿赴英留学的丰厚条件，可邓康明最终却选择来到薪水比微软中国还低20%的阿里巴巴。

为何邓康明选择了阿里巴巴呢？

"这是一个有趣有生机的公司。"邓康明说，"面试时，马云给我递过来的名片上面写着'风清扬'，而我们所聊的话题居然是金庸、武侠，马云一边聊一边把玩着一把剑。我当时就想，这家公司和我以前待过的公司都不一样，这很有意思。"

和马云聊完后，邓康明决定留下来。

马云和阿里巴巴一直在努力营造一个愉快的工作氛围，即"work with fun"的氛围。其目的就是要把阿里巴巴打造成一个轻松又有活力的集体。

回到创业的话题上来。创业，无疑也是一种工作，也需要时刻保持乐观的心态，让自己和团队都能快乐地工作。

"做人嘛，开心最重要"，这是我以前在看香港影视作品时经常听到的一句台词。这句话对吗？当然对，但是，对许多人而言，现实生活是不尽如人意的，更难以开心，尤其是对创业者和他团队来说，残酷的竞争，高压的工作，等等，时间一久，自然容易让人厌烦。可是，如果人人工作得不开心，团队士气低沉，那么，创业这条路，要想坚持着走下去，显然是很难的。

我曾经看过一份职场调查，该调查显示，在美国企业中，一部分员工并不愿意接受升职。他们有的是因为热爱技术工作，不喜欢做行政事务；有的是不想面对复杂的人际关系，宁愿做基层员工。很明显，这些员工追求的已经不是更多的金钱或更高的职位，其出发点更多是为了追求快乐。

创业者如果感受到创业的乐趣，并能让团队成员也感同身受，那么，团队的工作效率就会大大提高，创业的成功率就会大大增加。那么，具体而言，创业者应该如何做呢？以下是我的两条经验，希望能抛砖引玉：

1.以身作则，制造快乐

创业者有责任像马云那样亲自带头，为团队制造快乐的工作氛围，并且要鼓励团队成员把快乐和幽默带到工作场所。

2.掌握制造快乐的小游戏

创业团队面临的压力是很大的，所以创业者在管理过程中，有必要掌握一些制造快乐的小技巧，帮助团队成员缓解压力，这其实并不难，一些小的游戏就很管用，比如接电话比赛：飞奔着去接电话，要跨越各种障碍物，并且手中还要拿着一杯咖啡，胜利取决于咖啡杯中最后还剩多少咖啡。再比如，扔上级比赛，也是一个有趣的游戏。每个人把布娃娃打扮成管理者的样子，然后看谁扔得更远……事实上，创业者只要有这个心思，又能适当地发挥想象力，那么，要在团队中制造快乐，让员工从工作中感受到快乐，就并不是一件很难做到的事情。

 森舟心得

在工作中体味快乐，在奋斗中品尝快乐，在拼搏中实现快乐。快乐要工作，痛苦也要工作，为什么不选择快乐工作！

学会与人分享：分享是创业者最大的快乐

作为创业先走几年、先走几步的人，应该把自己创业者的经验跟大家分享，分享是创业者最大的快乐。

——马云

马云认为创业最大的快乐就是分享，他也一直遵循与人分享成功的原则。马云相信蒙牛创始人牛根生所说的"钱散人聚，财聚人散"。牛根生是这样解释的：这世界上挣了钱的有两种人，一种是"精明人"，一种是"聪明人"。精明人竭泽而渔，企业第一次挣了100万元，80%归自己，然后他的手下受到沉重打击，结果第二次挣回来的就只有80万。聪明人放水养鱼，他第一次挣了100万，分出80%给手下人，结果，大家一努力，第二次挣回来就是1000万！即使他这次把90%分给大家，自己拿到的也足有100万。等到第三次的时候，大家打下的江山可能就是1个亿。再往后就是10个亿。这就叫多赢。独赢使所有的人越赢越少，多赢使所有的人越赢越多，所以"精明人"挣小钱，"聪明人"赚大钱。

在马云看来，阿里巴巴的员工可以为了共同的价值观、共同的目标而"工作起来像疯子"，为共建"百年阿里"而兢兢业业地奋斗着，甚至是"春蚕到死丝方尽"。但如果没有合理的物质激励与报酬，也不一定能让他们"回家笑眯眯"，更有违阿里巴巴"快乐工作，快乐生活"的宗旨。人们活着不仅仅是为了吃米，但没有米或者米太少也的确没法生存下去。

马云说："任何人的成功都离不开企业和团队这样一个平台，当公司的

'雷锋'分享了团队的成功果实，得到自尊的满足后，才会更有动力去创造出更多的财富。一个良好的团队，不仅需要精神上的鼓励，更需要物质上的支持，某个人取得成就的时候，千万不要忘了一起拼搏努力的其他团队成员。只有分享，才能共赢。"

我对马云的观点很认可，这主要是因为从事微商多年，我发现，微商的本质就是分享。某种产品你用的感觉不错，就会用朋友圈发布一些内容，也会顺口和别人说一下，看似简单的过程，恰好就是线上+线下的分享，分享你认为可用的资源，让自己感受到分享的快乐的同时，也把价值传递给别人，说简单点，这就是微商。

分享好的产品、好的体验，当你感觉到分享的快乐的时候，自己就会从一个受益者变为一个传播者。每一次分享都是快乐，所以，我不仅乐于通过微商培训课的方式，将自己的经验分享给有志于通过微商创业的年轻人，也总是对他们说，要把从我这里所学到的分享给没来的朋友。就像很多人在优米网上听完我如何用微信打造人脉"孤独九剑"的课程后，对我说，"你在优米网上点击量很多，我是你的粉丝"，我瞬间就觉得很快乐。这种快乐是怎么来的？就是通过分享。

分享是微商的本质，同样，也是创业者最大的快乐。来看一个故事：

有一个农民从很远的地方换回来一种小麦良种，种植后，小麦产量果然大增。这个农民喜出望外，他因此也成了村人眼中的种庄稼高手。但是，他的快乐很短暂，很快就变得闷闷不乐了。原来，他害怕别人偷去他的良种，偷去他的那份荣耀。于是，他想方设法保密，拒绝村民们兑换小麦种子的请求，想一个人享受丰收的快乐。

但是，好景不长，到了第三年他就发现，他的良种不良了，变得跟普通的麦子一样。又过了两年，他的麦子连普通的种子也不如了；产量锐减，病虫害增加，他因此蒙受了很大的损失。这个农民带着自己的良种麦子跑到省城请教农科院的专家。专家听他讲完自己的经历，告诉他，良种四周都是普通的麦田，通过花粉的相互传播，良种发生了变异，品质必然下降。

即使是再好的良种，如果孤立生存于一种环境中，品质也必然会下降。在创业的过程中，很多创业者也会犯同样的错误，因为害怕别人分享自己的成果，处处提防保守，以至于陷入孤立的境地。最后，不仅不会快乐，还会眼睁睁地看着自己的成果被市场淘汰，甚至蒙受巨大的损失。

苹果公司在这个方面就接受过一次很大的教训。当年，苹果公司研究出MAC操作系统，并且成功地将其运用于计算机上。苹果希望能够通过这项技术占领包括软、硬件在内的整个"食物链"，所以，决定不向其他计算机厂商许可其MAC操作系统，从而犯下了一个不可饶恕的错误，演出了"良种悲剧"的现实版，公司曾因此陷入严重危机，过了很长一段时间，才逐渐缓了过来。

与之相反，微软公司从不排斥对手，而是用一种寻求双赢的思路来看待对手。微软认为，许可其技术的厂商越多，自己的业务就越好。微软主攻软件，英特尔的技术是芯片，微软没有把英特尔看成劲敌，而是视之为合作伙伴，与之分享成功。结果是，英特尔发展速度越快，微软新的软件越有用。同样，微软的软件开发得越好、越先进，英特尔的芯片越有用武之地。懂得分享，微软才成为今天的微软，英特尔也才是今天的英特尔。

对创业者来说，不管是经验还是成果，或者是遇到的问题，都要学会与人分享。只有懂得与人分享，乐于与人分享，敢于与人分享，才能充分得到别人的尊重与认可，才能感受到创业的快乐，也才更容易获得成功。

 森舟心得

　　创业最重要的是给别人带来很多的快乐，而不是给自己带来很多的快乐。如果只想到创业是给自己带来很多快乐，给自己带来很多财富的话，一定不是一个会做大的创业者，也一定不是一个快乐的创业者。

凡事想开一些：只要心里想得开，没有脚下走不通

压力都是自己给的，创业，就要拿得起，放得下，想得开。

——马云

有一段时间，网上爆出关于我的绯闻，标题很有吸引力，叫"张××（影视明星）被曝恋上80后富豪肖森舟"，里面的内容说得有模有样。有些微商朋友看到这条新闻后，认为是我在"炒作"，纷纷表示不耻，甚至还有人写了篇文章攻击我是"跳梁小丑"，拿我的长相做文章。在那一段时间，很多朋友都对我产生了误会，包括不少客户，受这次事件的影响，当时森舟茶叶的销量出现明显下降，可以说是一个不小的危机。可是我却想得很开，始终乐观面对，很快，这条绯闻就成了过眼云烟，没有人再注意。

不管你承认与否，本质上绝大多数的成功者都是乐观的。我以前也没发现自己很乐观，后来经历的挫折多了，也就习惯了，被别人讥笑或者自己遭受非议，我反而觉得挺好，因为这证明有人关注你。凡事想开一些，乐观面对，那就没有什么事情是过不去的。

1999年，电子商务还是个新兴事物，想向中国企业推销用电子商务几乎是不可能完成的任务。马云，包括他的团队成员当时跑了十几家客户，结果全都被拒绝，无一例外。但马云并没有想不开，他觉得拒绝了没事，我继续推销，只要是好东西，就总会有机会。后来，有一个人没拒绝，马云就很高兴，特别高兴。

马云曾给台湾大学生发表过一篇以"从梦想到成功创业"为题的演讲，向台湾学子分享了自己创业的经验。马云说，创业失败很正常，最关键是心态要好，只要心里想得开，没有脚下走不通。他表示，阿里巴巴的成功很幸运，但付出的代价和努力超乎大家的想象，背后有太多眼泪、委曲和挫折，如果想不开的话，自己早就放弃了。

这个世界上有两类人，一类是像马云这样意志坚强的人，另一类则是意志薄弱的人。后者遇到困难挫折时总是逃避，畏缩不前。面对批评，他们极易受到伤害，从而灰心丧气，等待他们的也只有痛苦和失败。但意志坚强的人却不是这样，他们内心中有一种与生俱来的坚强意志。所谓坚强的意志，是指在面对一切困难时，仍有内在勇气承担外来的考验。

每个创业者在走向成功的过程中，都会积累丰富的人生经验和"财富"。这笔财富包括精神的、物质的、成功的、失败的、欢乐的、悲哀的，这一切都可以继承下来，都可以在创业者的心灵中占据一席之地，唯独烦恼和忧虑这些东西不该继承，不应该为其留下立足之地，而应该把它们彻底抛弃，因为它们是创业的大敌。

创业遭受挫折本来就够让人紧张和痛苦的了，而烦恼和忧虑这种可怕的自我惩罚，无异于雪上加霜。对那些陷入挫折的人来说，除了摆脱死巷，还有比丢开烦恼和忧虑更重要的吗？

当创业遭遇挫折或困境时，用烦恼和忧虑进行自我惩罚的人，我建议心态上可以参考以下几点。

1.把创业困境看成是合乎自然的事情

正如只有未出生的婴儿和已经死去的人才不会犯错误一样，人只要还活着，就会不可避免地遇到困境。尽管在创业中充满了渴望顺利、幸福、成功的祝福之词，可大多数人心里都明白，之所以要这样，正是因为困难是客观存在的，是创业的组成部分。它既会困扰自己又会光顾他人，这才合乎自然。而任何时候、任何情况下都一帆风顺、事事如意，这只是一种良好的祝愿，实际上并不存在。既然如此，有什么必要用自我惩罚的办法折磨自己呢？自我惩罚、自我折磨，才是真正的愚蠢！

2.相信天无绝人之路

有一本书《突破逆境的秘诀》。秘诀是什么呢？这个作者写道，首要的一条就是相信"逆境"不会长久。他还一再强调这样几个原则：

每个人都会面临难题；

每个难题都会过去；

每个难题都有转机。

他告诉人们："你有困难吗？你的困难不会永远存在，可是你却能够继续生存；暴风消失时，晴空必然出现，冬雪融化时，生机必会展现。生命里的冬天当然会消失无踪，而你的问题也当然会获得解决。"

"人生本来苦恼已多，再来一次又如何？"

人们常常会有这样的感受，当回首自己曾经走过的路时，就会蓦然发现，那些已经是昨日风景了，有时还会有一点恋旧的情绪。

相信"逆境不久"的真理，相信路就在脚下，创业要靠自己去实现成功。

3.不要把自己的境况看得那么坏

习惯于自我惩罚、自我折磨的人，一般视野比较狭窄，思维比较封闭，他们的眼睛只盯在创业时遇到的困难、挫折和失败上，以致不得脱身。

实际上，他们的创业境况一般并没有他们想象或感觉到的那么严重和可怕。如果用新的眼光来看，就会发现，自己不过是受了不公正的待遇，不过是因为运气不好而已。与那些创业困境更严重的人比起来，这又算什么呢？

4.想想"塞翁失马，安知祸福"的道理

单纯用挫折或失败的事实与期望的目标相比，有些人只会在痛苦和自责的泥沼里越陷越深。此时若变换一种思维方向，心里的感受或许就会大不一样，会发现"祸"与"福"之间的相互联系和转换。

以上这几点类似精神胜利法的建议可以在你创业的心态上起到一定的积极

作用，让你不感到那么痛苦、烦恼和无奈，可以让你走出自我的阴影，采取正确的态度对待创业挫折，我们可对照自己看一看，自己是否是这样的呢？

 森舟心得

　　那些能取得人生成功的人，自然是那些具有坚强意志的人。他们在遭遇到困难挫折时，并不否认消极因素的存在，只不过他们学会了不让自己沉溺其中，他们能摆脱一切消极因素的影响，他们的心态始终处于一种积极向上的状态中。

微笑面对失败：没有过不去的坎，创业就要痛并快乐着

我永远面带微笑，尽管内伤很重。

——马云

马云，在几乎所有创业者心目中，都是一个榜样，或者说是标杆。有的创业者或许嘴上并不认可马云有多了不起，但内心多是向往的。创业者的经历各不相同，但期盼成功却是我们的一个共同点。然而，创业成功者毕竟是少数，而且，在成功到来之前，还总是要经历失败的。失败以后，创业者更应该学习马云永不放弃的精神，并始终保持乐观态度，微笑面对失败。

在研究IBM的商业案例时，我对其中讲到的一个日本企业家很是佩服。这位企业家有一个习惯，就是每天坚持写一篇"光明日记"，里面记录的全是快乐的事情。他把每个月末召开的工作例会取名为"快乐例会"，在具体检查和布置工作之前，要求各部门经理用3分钟时间向大家汇报一下本月以来最快乐的事情，引得全场上下哈哈大笑……这位企业家就是日本最大的零售集团"八佰伴"公司总裁和田一夫，我们来看看他是如何面对失败的。

1997年，受世界石油危机冲击，"八佰伴"被迫关门。当时和田一夫已是68岁的老人了，但"八百伴"的倒闭并没有压垮和田一夫心中的信念和快乐。他和几个年轻人合作，开办了一家网络咨询公司。面对新的行业，他充满自信，脸上始终绽放微笑。他快乐、热情和积

极的人生态度，终于感动了顾客，没有多久，他就把生意做得红红
火火，做出了人生的又一片"艳阳天"。有记者问和田一夫，为什么
他能在如此短的时间内反败为胜，东山再起。和田一夫快乐地答道：
"因为失败了，我也能笑出来！"

"失败了也能笑出来"，无论在什么情况下，哪怕是受到致命的打击，只
要能像和田一夫那样，坚持"笑"下去，快乐地"笑"下去，那么，创业成功
就一定是水到渠成的事。

在现实世界里，马云这样的创业教父或者说商业幸运儿毕竟是少数甚至是
极少数。我曾看到过这样一份数据，在美国中小企业中，约有68%的企业在第
一个5年内倒闭，19%的企业可生存6～10年，只有13%的企业寿命超过10年。
中国中小企业的研究数据我没注意过，或许不会像这样"残酷"，但不可否认的
是，许多创业者都在他们的创业之路上遇到过失败和挫折。

合作伙伴的不欢而散、产品缺乏市场销路、财务危机等，都是创业者可能
面对的事情。在失败和挫折面前，创业者不能失去对未来的信心，更重要的是
要学会"笑对失败"。

20世纪最伟大的励志成功大师拿破仑·希尔在他总结的十七条成功法则
中，有一条就是"笑对失败"。

在失败面前，至少有三种人：

一种人，遭受了失败的打击，从此一蹶不振，成为让失败一次性打垮的懦
夫，此为无勇无智者。

一种人，遭受失败的打击，并不知反省自己、总结经验，但凭一腔热血，
硬干蛮干。这种人，往往事倍功半，即便成功，亦常如昙花一现。此为有勇而
无智者。

另一种人，遭受失败的打击后，能够审时度势、调整自我，在时机与实力
兼备的情况下再度出击，卷土重来。这种人堪称智勇双全，成功常常降临在他
们头上。

《圣经》里也有一段箴言："你若在患难之日胆怯，你的力量就变得微不足道。"世界上没有永远的冬天，也没有永远的失败；在艰难和不幸的日子里，要保持斗志、信心和忍耐。成功的人也必然是一个能伸能屈、宠辱不惊的人。

这个世界上没有绝对的转败为胜的诀窍，创业者只要具备了临危不惧、重振雄风的信心和积极乐观的态度，能够微笑面对失败，也就拥有了披荆斩棘、所向披靡的利器，这样就必定能征服前行道路上的一切困难，到达成功的目的地。这不仅是我从马云身上学到的创业智慧，也是我创业十多年来的最大感悟之一。

森舟心得

世界上没有转败为胜的诀窍，创业者只要具备了临危不惧、重振雄风的信心和勇气，就拥有了披荆斩棘、所向披靡的利器，这样就必定能征服前行道路上的一切困难，到达成功的目的地。

第五章

创业是九死一生，你要有敢死团队

马云教给我的创业团队课

马云说：就像我一直说的，我不是公司的英雄。如果我看起来像，那是因为我们的团队造就了我，不是我造就了团队。失去阿里、失去淘宝都没有关系，只要我的团队还在，我就有信心再造奇迹！

凝聚力：聚是一团火，散是满天星

创业公司最珍贵的财富就是他的团队和团队凝聚力。

——马云

团队凝聚力是维持创业团队生存的必要条件，对团队的潜能发挥有着重要作用。如果一个创业团队丧失凝聚力，就会像一盘散沙，难以维持下去，并呈现出低效率状态；而凝聚力较强的团队，其成员工作热情高，做事认真，并有不断的创新行为，因此，团队凝聚力也是创业成功的重要条件。

作为团队领导人，创业者在给予每位成员自我发挥的空间的同时，要破除个人英雄主义，搞好团队的整体搭配，形成协调一致的团队默契；同时还需让团队成员懂得彼此之间相互了解、取长补短的重要性。如果能做到这些，团队就能凝聚出高于个人力量的团队智慧，随时都能创造出惊人的团队表现和团队绩效。

马云手下最剽悍、最具战斗力的销售团队，非阿里巴巴中供铁军莫属，连马云自己都说，中供铁军是"最具阿里味儿的团队"。

依靠着挨家挨户的陌生拜访和地面推广，阿里中供铁军培育了中国第一批触网商家，也塑造了一大批阿里高管和互联网传奇人物，如滴滴打车创始人兼CEO（首席执行官）程维、美团COO（首席运营官）干嘉伟、大众点评网COO吕广渝、去哪儿网COO张强等。

阿里中供团队体系的设计灵感来自于曾经热播的电视剧《亮剑》，团队基本是按照革命队伍的管理方式来管理，比如，和《亮剑》中李云龙率领的部队有个赵政委一样，"中供"各销售大区也都设有"政委"这一职务。这个特殊的管理方式，使得中供团队形成了高度的凝聚力，特别体现在销售遇到困难的时刻，往往会呈现出在一般创业团队中难以见到的超强凝聚力和战斗力。这让我想起了抗美援朝战争中的上甘岭战役，当时，美军各方面都比中国部队强，但从战果上看他们就是输给了各方面都不如他们的中国部队，各种历史资料文献中提到这场战役，都会反复强调，中国部队每一个士兵的坚决和勇敢，在各种危急时刻每一个士兵为了团队目标的果断。其实，中国部队在上甘岭战役中做的事情很简单，简单到上上下下只有一个目标，所有人都坚决为了一个目标前进，真正做到上下一心。

我们常说，团队要有背靠背的信任，可问题是：到了关键时刻，你敢把你的后背给你的伙伴吗？你在外面冲锋的时候，你敢保证后背不会被人"打黑枪"吗？中供铁军最让马云自豪的是，即使离职之后，原来在这个团队中互不相识的人见了面，得知彼此都曾在"中供"待过，那么，相互间的信任、互动程度往往比某些公司天天在一起工作很久的同事之间还要高，而且，彼此之间没有任何管理人员和职级的区分。中供铁军真正的团队凝聚力，来自于每一个在这个团队任职和任职过的人。这样的团队，战斗力又怎么会不强呢。

当然，我在这里之所以说阿里巴巴的中供铁军，并不是说任何创业团队都能达到他们的凝聚力，这里面需要的东西太多，也有一些独特的客观条件，如当时的电子商务环境等。之所以用阿里中供铁军举例，我想强调的只是团队凝聚力的重要性。那么，对创业者而言，又有哪些具体而又具有普遍性原理的方法或步骤，可以增强和运用团队凝聚力呢？以下的步骤是我经常采用的，且经实践证明是行之有效的，这里分享给大家：

第一步，设立目标。目标最重要，就像一列火车朝哪里开很重要。一个团队在一起工作生活，目标和方向最重要。没有这些就等于不知道在干什么，没有前进的动力。有了方向，就等于迈出了万里长征的第一步。

第二步，将开始的目标限制在非常近和有一定局限的范围内，从而使关于战略和管理等方面的分歧淹没在紧迫的任务中。

第三步，不断重复这种目标设定的过程，从而使团队成员了解对待彼此、对待任务以及对待问题的行为和反应方式。这种对团队其他成员的了解是建立在相互信任的基础上，因为信任对团队的凝聚力最为重要，而这种信任，并非一般感情意义上的信任，而是一种对任务及目标的认识结果。如果说信任是增强团队凝聚力的一个条件，那么团队成员之间的密切协作就是建立信任的主要手段之一，这种方法对普通员工来说是有效的，对于管理者与管理者之间也是有效的，甚至可能更为有效。

第四步，创业者要善于将长期、抽象的目标转化为紧迫、具体的目标，并使团队的所有成员都清楚地了解其共同面临的危机。比如，要实现团队的赢利目标或降低成本的目标，就需要制订一系列切合实际的具体目标来完成。这种方法，比抽象的目标更能使团队成员达成共识。

森舟心得

企业仅凭一人之力，永远做不大，团队才是成长型企业必须突破的瓶颈。团队要发展，必须要有团队精神和凝聚力，能做到自上而下目标一致、同心同德、协同作战。

协作力：唐僧团队是天下最好的团队

不善合作，一败涂地；齐心协力，共享成功。

——马云

　　我认识的一位老总，在经过创业初期的艰苦打拼后，公司具有了一定的规模，要想扩大经营，就需要再招聘些高层管理人员，在经过审慎的挑选后，9名优秀应聘者经过初试，从上百人中脱颖而出，闯进了由这位老总亲自把关的复试。

　　老总看过这9个人详细的资料和初试成绩后，相当满意。但是，此次招聘只能录取3个人，所以，老总给大家出了最后一道题。

　　老总把这9个人随机分成甲、乙、丙三组，指定甲组的3个人去调查本市婴儿用品市场，乙组的3个人调查妇女用品市场，丙组的3个人调查老年人用品市场。老总解释说："我们录取的人是用来开发市场的，所以，你们对市场必须要有敏锐的观察力。让大家调查这些行业，是想看看大家对一个新行业的适应能力。每个小组的成员务必全力以赴！"临走的时候，老总补充道："为避免大家盲目开展调查，我已经叫秘书准备了一份相关行业的资料，走的时候自己到秘书那里去取！"

　　两天后，9个人都把自己的市场分析报告送到了老总那里。老总看完后，站起身来，走向丙组的3个人，分别与之握手，并祝贺道："恭喜三位，你们已经被本公司录取了！"然后，老总看见大家露出疑惑的表情，呵呵一笑，说：

"请大家打开我叫秘书给你们的资料，互相看看。"原来，每个人得到的资料都不一样，甲组的3个人得到的分别是本市婴儿用品市场过去、现在和将来的分析，其他两组的也类似。老总说："丙组的3个人很聪明，互相借用了对方的资料，补全了自己的分析报告。而甲、乙两组的6个人却分别行事，抛开队友，自己做自己的。我出这样一个题目，其实最主要的目的，是想看看大家的团队合作意识。甲、乙两组失败的原因在于，他们没有合作，忽视了队友的存在！要知道，合作才是团队取得成功的根本和保障！"

的确，创业团队是否具有协作精神，将直接关系到创业能否成功，创业者在组建团队时必须高度重视这一点。

"就招聘员工而言，我们有一套很严格的标准，最必要的是协作精神。"马云曾说，"如果一个人是天才，但其协作精神比较差，这样的人我们也不要。"

我也一直在团队内部倡导协作精神。在我们团队，我扮演的是说客的角色，成功都是我们团队做出来的。我认为，如果别人把你当英雄的时候，你千万不能把自己当英雄，如果自己把自己当英雄必然要走下坡路。

在这一点上，我十分佩服马云，在一次电视节目中，马云讲出了自己心目中的最佳团队，让我受益匪浅：

中国人认为最好的团队是刘、关、张、诸葛、赵团队。关公武功那么高，又那么忠诚。刘备和张飞也有各自的任务，碰到诸葛亮，还有赵子龙，这样的团队是千年等一回。可我认为中国最好的团队就是唐僧西天取经的团队。像唐僧这样的领导，什么都不要跟他说，我就是要取经。这样的领导没有什么魅力，也没有什么能力。悟空武功高强，品德也不错，但唯一遗憾是脾气暴躁，很多单位都有这样的人。猪八戒是狡猾，没有他生活少了很多的情趣。沙和尚更多了，你不要跟我讲人生观、价值观，"这是我的工作"，半小时干完了活就睡觉去了。这样的人单位里面有很多很多。就是这样四个人，千辛万苦，取得了真经。这种团队是最好的团队。这样的企业才会成功。

今天的阿里巴巴，我们不希望用精英团队。如果只是精英们在一起肯定做不好事情。我们都是平凡的人，平凡的人在一起做一些不平凡的事。这就是团队精神。

在马云看来，"西游团队"中的四个人，协作力非常强。孙悟空就像是他所定义的"野狗"，本领高强，但却不好管理，着实让人又爱又恨；猪八戒是"润滑剂"，虽然貌似懒惰，坏毛病也很多，却是企业的"快乐"之源；沙和尚则是一般意义上的好员工，勤勤恳恳，任劳任怨；而唐僧，一个文弱、白胖、手无缚鸡之力，动辄被吓得掉下马来、魂飞魄散的和尚，却领导着这三个野性难驯、武艺超群的下属。凭什么？马云说，凭的就是唐僧有使命感，他代表着整个团队的价值观和发展方向。唐僧的思维其实很简单，就是取经，这是任何东西都改变不了的。也正因为如此，有唐僧在，这个团队就不会散，就有主心骨，就能一直朝着取经的方向前进。从这一点上看，马云确实是一个"唐僧"式的CEO。

 森舟心得

作为团队的领导，创业者必须透彻理解协作的精髓，发挥团队成员的互补优势，促进彼此的精诚合作，最终实现团队目标。

执行力：立刻、现在、马上去做

你们立刻、现在、马上去做！立刻！现在！马上！

——马云

所谓团队执行力，指的是贯彻战略意图，完成预定目标的操作能力。它是团队竞争力的核心，是把企业战略、规划转化成为效益、成果的关键。

阿里巴巴团队就是一支执行力非常强的团队。阿里巴巴集团主席马云曾自豪地将阿里巴巴称为"一支执行队伍而非想法队伍"。他还在各种不同场合反复强调，有时去执行一个错误的决定总比优柔寡断或者没有决定要好得多。因为在执行过程中你可以有更多的时间和机会去发现并改正错误。

马云说过一个在国内企业界非常著名的段子："孙正义跟我有同一个观点，我们俩人在东京讲过，一个方案是'一流的Idea（想法）加三流的实施'；另外一个方案，'一流的实施，三流的Idea'，哪个好？我们俩同时选择'一流的实施，三流的Idea'。"当然，客观地说，阿里巴巴是一个既有一流Idea又有一流实施的团队，否则不会有今天。

在阿里巴巴创业之初，马云就多次要求自己的员工具有很强的执行力。在阿里巴巴内部，一直传播着这样一个故事：

阿里巴巴刚成立时，一些员工对公司的未来并不是充满信心，因为那个时候，市场上最受宠爱的网络公司是新浪、搜狐这样的门户网站，而阿里巴巴的模式是独创的，当时还没有多少人能认识它的价值。

当时，中国对外贸易通道主要靠"广交会"、国外展会或者依托既有的外贸关系，还很大程度上受控于中国香港贸易中转。中国加入世界贸易组织在即，很多中国中小企业迫切需要自主控制外贸通道。马云认为阿里巴巴能够而且应该肩负起这个使命。在实现方式上，马云坚持用BBS（网络论坛）："只要能发布供求信息，能按行业分类就行。"其他人不同意，拍着桌子同马云吵。争吵达到最激烈时，马云仍不改初衷，他始终认为方便用户才是对的，自己的思考也是对的："阿里巴巴用户是不怎么会上网的商人，一定要简单。"

1999年3月，马云在外地发电子邮件要求员工立即完成BBS设计，员工还是不同意。马云怒了，拨通长途电话，尖叫："你们立刻、现在、马上去做！立刻！现在！马上！"他真想立马飞回去，猛拍他们脑袋。

由于马云的强硬要求，阿里巴巴的发展方向最终确定下来，并获得了有效的执行。这也使得阿里巴巴在互联网泡沫时期不仅坚持下来，而且实现了赢利。

总的说来，马云就是这样一个领导：有意见，你可以提；有想法，你可以说；你甚至可以和他吵，可以和他打一架。但是，这里存在一个前提——在马云还没拍板之前。一旦马云决定了的事情，九头牛都拉不回；一旦马云下了命令，你就必须"立刻、现在、马上"去执行。

2004年，马云为阿里巴巴定下了每天赢利100万元人民币的目标；2005年，马云又为阿里巴巴定下了每天缴税100万元人民币的目标。虽然公司内外对能否完成这些目标提出了极大的质疑，但出人意料的是最终都一一实现了。这也就是马云团队超强执行力的真实体现。这些都值得每一位创业者认真学习。

一个公司团队是一个组织，一个完整的集体，它的执行力也应该是一个系统、组织和团队的执行力。执行力是公司经营成败的关键，只要公司团队有好的管理模式、管理制度，好的带头人，充分调动团队成员的积极性，管理执行力就一定会得到最大的发挥，团队就一定能创造最大的利益。

现实社会中，多数中小民营企业，都是老板亲自创业，很多人养成了事必躬亲的习惯，但是我们要知道创业公司想发展壮大就不可能老板一个人事必躬亲，必须要加强团队的执行力，适当放权，给大家一定的发展空间。

那么，创业者该如何打造团队成员的执行力呢？我认为可以从以下几点做起：

1.明确目标

团队执行力的核心是制定明确的共同目标。有了明确的共同目标，团队成员才会团结协作，互相帮助，互相支持。当团队成员目标一致时，所有人都会向一个方向努力，大家步调一致，如此，团队的执行力自然就会提高，企业也将不断壮大。

2.重视沟通

一流的执行力需要高效的沟通，否则，就不可能做到上令下行，甚至会导致执行的方向性错误。如果执行的方向错了，那么，后果就只有一个：你不是在计划怎么成功而是计划怎么失败。而要让员工清楚执行的方向，那就需要高效的沟通，将你的决策有效传递给每一个成员，帮助他们理解、消化、吸收，取得他们的支持，这是成功的保证。

3.奖惩分明

要想最大限度发挥员工的执行力，还是需要制定合理有效的执行规则。相信最切实有效的规则就是奖惩制度了，奖励正确的行为，惩罚错误的行为，并且对每个人都是一样。对于奖惩制度一定要严格执行，否则团队执行力一定会大打折扣。

4.实时跟进

只有实时跟进，才能表明完成项目的决心，让员工将执行落到实处，为此，创业者可以制定一份跟进工作的计划：目标是什么，由谁负责，何时完成，完成的标准，等等。在这个过程中，创业者要及时了解员工的工作情况，让其真切感受到你的决心。

 森舟心得

执行力是创业成功的保障，是发挥创业团队最大潜力的基础，事必躬亲固然能够让创业者放心，但是并不一定有利于创业项目的长远发展，唯有提高创业团队每个成员的执行力，才是创业成功的不二选择。

战斗力：团队不狠，创业不稳

失去阿里、失去淘宝都没关系，只要我的团队还在，我就有信心再造奇迹。

——马云

2003年3月末的一天，10名阿里巴巴员工被逐个秘密叫入马云的办公室，每个人都被告知将有一项十分艰巨的"秘密任务"，"可能两三年内回不了家"，如果接受任务，就签署一份保密协议。此后这10名员工集体"失踪"，其中就包括曾在阿里巴巴高层变动中出国留学的孙彤宇。

此后的5月10日，淘宝在"非典"中问世，而两个月前马云交代给他们的秘密任务就是"做一个像eBay（易趣）那样的网站"。

仅仅10名员工组成的团队，在短短两个月时间内，就建立了此后影响中国互联网行业、让电商真正站到舞台中央的淘宝，并在此后击败了强大的对手eBay，虽然这其中有"非典"等客观因素，但马云团队的战斗力由此亦可见一斑。

在很多人看来，创业团队需要很长时间来磨合，需要一个建立信任的过程，因此战斗力不强是正常的。可我却不这样认为，在我看来，创业团队如果管理得当，同样可以在很短时间内拥有强悍战斗力，淘宝的问世就是一个典型的例子。

那么，如何才算管理得当呢？

首先，团队要有鲜明的特质。

世间万事万物，无论是一只小狗、一朵花，还是一个人，都有属于自己的独特基因。一个团队更是如此，往大了说就是价值观，往小了说就是要有自己的特质。

那么，一个团队需要什么样的特质呢？这并没有一个绝对的答案，存在很大的差异性。比如我的团队中，除了一般常见的团队优点外，我还特别强调两个要素：

其一，深度学习能力。拥有学习的习惯，并且愿意付出时间、物质成本进行持续性的学习，具体表现为热爱读书，对专业知识能深度学习，对新事物有显著好奇心等。

其二，成就导向：从个人成就到团队成就。无论是做管理还是做技术，成就导向意识是优秀员工的基本素质。只有具备很强的成就导向意识，才能把事情做得超预期，才能追求卓越。

具有共同特质的人，在一起会很开心，对事物的认知一致，而且非常容易形成团队凝聚力，而这两点恰恰是形成强大战斗力的一个核心要素。

其次，团队精神是战斗力的保障。

一个人，不管他的智慧多么超群，也无论他的能力如何，没有忠诚的道德品质，他就无法为一个团队贡献他的力量，忠诚是一个人最为高贵的品质，可以为你赢得尊重和信任。当今社会，忠诚已经成为职场的第一竞争力，很多优秀企业选拔人才时已经把忠诚度排在首位。因为在这个世界上并不缺乏有能力的人，只有那种既有能力又忠诚的人才是最为理想的人才，很多领导宁愿任用一个能力差一些却足够忠诚敬业的人，而不愿重用一个朝三暮四视忠诚为无物的人，哪怕他能力非凡，因为人们很清楚，这种"能人"一旦背叛企业，企业遭受的损失可能无法估量。

再次，无微不至的关怀。

如果说特质是团队强悍战斗力的根基，忠诚是保障，那么，"无微不至的关怀"则是最后的子弹。

我的这个观点，可能很多纯理性的创业者是不赞同的，认为管理就应该是无情的。可我一直认为，人除了工作之外，还有一层情感的联系。在这一点上，我非常欣赏华为创始人任正非先生的一句名言："胜则举杯相庆，败则拼死相护。"这在我看来才是一个团队的表现，而不是单打独斗。

无微不至的关怀，体现在哪些方面呢？

1. 在乎团队成员的感受。工作也会疲劳，生活也会有烦恼。所以，创业者要经常性地关注团队成员情绪的变化，并在需要的时候，第一时间提供必要的帮助。

2. 帮团队成员突破自我。有的人会谨小慎微，有的人犹豫不决，有的人动手力差……这时，创业者需要在背后帮他们一把，完成精进与升级。

3. 为团队成员提供必要的学习支持。比如，帮助团队成员找到正确的学习途径，提供更科学的学习方法，也可以陪团队成员一起讨论，将自己的学习心得和看法与团队成员分享，总之，就是要帮助每一个团队成员建立起自己的学习系统。

在我看来，创业型团队，就像一个新生儿，需要从诞生的那一刻开始就精心呵护，尽最大可能帮助它成长，将心注入。只有这样，团队才会健康茁壮地成长，并迅速形成强大的战斗力。

森舟心得

一个拥有强大战斗力的团队，就像一台性能强劲的笔记本电脑，必须由高质量的硬件和优秀的软件组成。团队的硬件决定团队的起跑速度，团队的软件则影响着团队的耐力，而在团队软件中，管理能力是最为重要的一环。

| 第六章 |

输赢，只在一念之间
马云教给我的创业决策课

马云说：上兵伐谋，作战之前必须要想清楚你的战略是什么，决战于庙堂之下。阿里巴巴当年有几个最重要的决定，我是到寺庙去开的，在菩萨下面讲打打杀杀，讲赚钱，讲多少利润多庸俗，想想怎么去帮助别人，超度世界，帮助更多人，做事情就会好很多。

停止犹豫不决：果断决策才有成功的可能

> 犹豫不决，固然可以避免做出错误的决策，但在如今这个快
> 速发展的时代，更大的可能是你失去更多成功的机遇。
>
> ——马云

一直以来，马云都是一个决策者。在BAT（三大网络公司百度、阿里巴巴、腾讯的简称）三巨头中，马化腾可以说是一位典型的产品经理，其风格是中国传统的中庸之道，李彦宏是一位技术大神，更像美国硅谷的一位工程师。只有马云，他最擅长的既不是管理，更不是技术，那他平时做什么呢？就是做决策。

作为决策者，马云最可贵的一点就是果断，从不拖泥带水，犹豫不决。马云做阿里巴巴之前，先做翻译社，后做中国黄页，但都没有实现自己要成立一个中国人的世界级企业的理想，最后，他果断放弃了网站，从零开始做阿里巴巴，坚守了电子商务，多年保持不变，最终将阿里巴巴带到了世界面前，这种果断，是任何一个决策者必备的素质。

古代兵家讲："用兵之害，犹豫最大；三军之灾，生于狐疑。"犹豫不决相当于一种慢性自杀。商场如战场，机会稍纵即逝。一旦没有抓住机会，就会被对手抢占先机。因此，一个优秀的创业者，一定要具有果断决策的能力。

我认识这样一位80后创业者，这里称呼他为D君。2009年大学毕业后，D君进入一家知名互联网企业工作。因为上班的地方比较远，所以他经常打车。

2012年的时候，D君萌生了做一个打车软件的想法。说来也巧，那段时间，他正好碰上了一个学计算机专业的发小，两个人很快有了创业的共识。为此，他们放弃了令人羡慕的高薪工作，在租来的一间两室一厅的简易房里开始了创业。D君负责写文案、做设计图，他的同学负责编写程序。对于创业，两人当时都没有任何经验积累，于是，D君抽空去旁听了一个创业培训班的课，并因此结识了一位做互联网创业的导师。关系熟了以后，他告诉这位导师，自己想做一个手机打车的APP。老师听完D君的大致思路说，出租车司机的文化程度良莠不齐，智能手机也还没普及，"建议你再想想"。后来，D君又去参加了一次投融资宣讲会，投资人的意见是，目前这个市场体量太小。两边的声音让D君一下子陷入犹豫不决了，相应地，在做决策时，很多进程就放缓了。2013年年初，D君从新闻上看到，北京和杭州出现打车软件，拿到千万美元的投资。这时，D君和同学才下定决心做自己的打车软件，可3个月的先机就此失去。到了2013年5月，他们做出了软件，可这时市场已经开始洗牌，滴滴、快的等有资本优势的企业迅速崛起。在这场不对等的争夺战中，D君的第一次创业就这样草草收场了。

D君创业失败，原因很多，比如打车软件竞争惨烈等，可他自身在决策时的犹豫不决无疑是一个致命因素。

对创业者来说，该果断的时候就果断，千万别犹豫不决，要讲时效，不能拖延，即该拍板就拍板，万万不可磨蹭。

果断决策不但需要魄力和勇气，还需要高超的技巧。没有技巧的果断无法得到下属完全的信服，更不能得到真正的贯彻执行。所以，我认为，身为创业者要想做到果断决策，必须克服下面五大障碍：

1.要求永远正确

当你拒绝承认自己的错误时，通常都会把事情弄得更糟。承认你错了并不等于承认你愚蠢，可是，当你明知自己错了而又不想改变主意，顽固地坚持自己的错误，这就是愚蠢的表现了。

2.混淆客观事实和主观意见

你的决策是建立在坚实的事实基础之上的，而不是建立在你的感觉之上的。如果你不能把客观事实和主观意见分离开，你就会遭受到各种各样的烦恼，决策的结果也往往会有偏差。

3.不了解足够的情况就匆匆地做出决定

缺乏对情况的足够了解往往会做出错误的决定。诚然，有的时候你不可能得到你所需要的全部事实，但你必须运用你以往的经验、良好的判断力和常识性知识做出一个符合逻辑的决定。单是为图省事而不去收集可供参考的各种事实，那就是不可原谅的。

4.害怕别人有什么想法，更怕别人说三道四

有很多人不敢大胆地说出自己的心里话，这是因为他们害怕别人可能有什么想法，更怕遭到别人的议论。他们犹犹豫豫不敢宣布他们的决定的主要原因是害怕别人批评。这就是说他们需要别人认为他们好，不能认为他们不好。

5.害怕承担责任

对于有些人来说，一个决定不是一个选择而是道坚硬的壁墙，那将使他们做任何事情都会感到软弱无力。这种恐惧是紧密地与害怕失败相联系着的。多数的心理学家认为这是商人走向成功的最大障碍。

 森舟心得

　　开始准备创业之后，有许多事情需要决策，如果犹豫不决，容易变成不知如何是好的局面，而影响创业的成功率。因此，果断决策是创业者必须具备的素质。

及时纠正错误：决策错误并不是什么可耻的事情

最大的错误就是不犯错误。

——马云

纵观整个互联网成长史，任何一家网络企业都不可能避免犯错，阿里巴巴自然也不例外，马云对这一点更是毫不忌讳，他说："我觉得网络公司一定会犯错误，而且必须犯错误，网络公司最大的错误就是停在原地不动，最大的错误就是不犯错误。关键在于总结我们犯的各种各样的错误，为了明天跑得更好，错误还得犯，关键是不能犯同样的错误。"

事实上，在阿里巴巴的成长史上，马云在决策上也的确犯过不少错误。或许有人会问了，很多网络企业都是因为一个错误而亡，为什么阿里巴巴犯这么多错，还能存活下来，并发展如此之好呢？

原因在于，错有大小之分，有应对正确与否之分。

一些网络企业之所以会毁灭在一个错误之上，很多时候是因为他们犯了一个大错，比如战略方向或者运营模式上的错误，例如中国第一个互联网接入服务商瀛海威公司，就是因为战略方向错误，理念太过超前。此外，在犯错之后，如何对待，也是存亡与否的关键，错而不改，一错再错，这样的企业又如何能生存得下去呢？

而在这两方面，马云和阿里巴巴都做得很好。首先，在作事关企业生死的战略大决策时，没有犯错，否则，阿里巴巴恐怕早就走向衰亡了；其次，在阿里巴巴的发展过程中，犯的"小错、中错"并不少，例如：扩张地盘时太过盲目、过早国际化、承诺免费又搞变相收费、迷信国外的高管……可是，在认识到决策错误后，马云和阿里巴巴迅速做出调整，迅速纠错，并取得了不错的效果，将错误的影响力限制在了一定范围内。

2006年5月10日，淘宝网推出了名为"招财进宝"的新型收费增值服务。通过这项服务，卖家可以花钱买一个"推荐位"，让自己的商品出现在淘宝网浏览量最大的位置上，以利于商品销售。

在淘宝网高调宣布继续免费3年之后，这项有偿增值服务被众多卖家认为是"变相收费"，并有一些卖家联合酝酿于2006年6月1日集体罢市以表抗议，有很多卖家甚至威胁说如果淘宝网不取消"招财进宝"，将跳槽到其他的个人电子网站。

我当时刚在淘宝开店，并没有被卷入到这次风波中，但却成为这次事件的见证人。我认为，发起"招财进宝"这项服务，马云的初衷是好的，这并不是因为没有伤害我的利益，而是我认可马云的说法。马云说："虽然'招财进宝'存在一些缺陷，我们正在不断完善，但它的思路是对的，收费也很合理。"马云称，在"招财进宝"推出前，一些卖家给他写了很多信，表示愿意花点钱来让自己的商品排在队列前面。经过考虑，他们决定推出这个排名系统。"淘宝目前有2800万件商品，日交易量达4700万元，如果没有搜索，买家很难去寻找商品。"而搜索必然会牵涉到排名，"价格是相对客观的排名标准"。马云称，如果排名不收费，那么为了争第一排位，卖家会疯狂做假获得交易量，搜索将会乱套。

"事实上，淘宝在三年之内，绝对会遵守免费的承诺。"马云称，免费的范围，包括开店费、商品登陆费这些常规的费用，"招财进宝"只是一个增值服务。"目前，阿里巴巴的现金储备超过20亿元，可以支撑淘宝20年的支出。'招财进宝'的收入，现在还不够买淘宝每天使用的打印纸张。"马云解释，这20亿现金是雅虎10亿美元投资的一部分。

马云称，阿里巴巴董事会对淘宝网没有赢利的要求，在未来的计划中，淘宝将选择一种"让愿意付费的人付费，不愿付费的人免费"的模式，来获取利润。

但是，无论马云和淘宝网发起这项服务的初衷是好是坏，从最终的效果看，这都是一次错误的决策。

2006年5月29日，针对愈演愈烈的"罢市"危机，马云以"风清扬"的ID发表了题为"谈谈拥抱变化"的帖子，对"招财进宝"的初衷进行了表白，并希望卖家能够谅解和支持，此文一经发表，我便第一时间和一批卖家跟帖发言，表示理解和支持，同时也善意地指出了"招财进宝"的缺陷和不完善之处，"罢市"危机也因为这篇文章的发表得到了一定的缓和。

6月1日，马云决定在淘宝网上公开投票来决定"招财进宝"的去留，短短半天时间，就有9万余人参与投票。从当天的结果看，选择"对招财进宝进行不断的完善，保留招财进宝"的占38%，选择"目前不完全适合淘宝，取消招财进宝"的占62%。

最终，淘宝网决定取消"招财进宝"，并将其间所收取的费用全部退还。

事后看来，"招财进宝"虽然是马云和淘宝网的一次"错误"决策，给淘宝网乃至阿里巴巴和马云本人的名誉都带来了一定的破坏，也造成了一定资金损失，但马云面对错误的态度是诚恳的，处理方法是有效并且及时的，这在很大程度上减小了这次错误的破坏力，没有让这件事造成更大的负面影响。由此可以看出，马云的纠错能力非同一般。

在创业过程中，什么时候学到的东西最多？很可能就是决策犯错的那些时候。一个错误，有时能胜过所有成功的决策教会我们的东西。但随着我们的成长，我们会为少犯甚至不犯错误而感到非常自豪。错误确实令人苦恼，但我们犯的错误越少，学到的也就越少。所以，为了做出更好的决策，我认为，创业者不应该怕犯错误，只是要尽量少犯那些显而易见的错误，更不要让错误的决策毁了生意，或者导致创业失败。具体如何做呢？不妨通过实验的方法，假设犯错来获得错误能得来的有益教训，比如，你可以问一问自己：怎样才会多犯些错误。设计一些实验来检验一下自己的这些假设，然后采取一些并不被看好，而且你认为可能会失败的行动。通过这种实验，也许你会惊讶取得了许多意想不到的教训，而这些教训将使你的决策变得更加有效。

 森舟心得

做决策就存在风险。无论如何总会有失策的可能，但不能因为有风险就不去决策。如果害怕犯错误，你就会错过学习的机会。所以，你要做的无非就是：尽量地提高决策能力，降低犯错误的概率，在犯错后及时纠错，并从中吸取积极的经验教训。

有效预测未来：有效预测是高明决策的前提

很多人输就输在，对于新兴事物第一看不见，第二看不起，第三看不懂，第四来不及。

——马云

法国未来学家H．儒佛尔说："没有预测活动，就没有决策的自由。"儒佛尔的这一论断，被人称为"儒佛尔定律"。

所谓预测，就是指人们对客观事物未来发展的预料、估计、分析、判断和推测。"凡事预则立，不预则废"，预测是决策的前提和依据，是决策中必不可少的环节，能为创业者提供决策对象可能发展的方向和趋势。

2009年和2010年，森舟茶叶结束了高速增长，陷入停滞期。按照我的预测，森舟茶叶每年都应保持100%~150%的增长率，可到了2010年，森舟的员工数量虽然翻了倍，销售额却原地踏步。

不仅如此，来自淘宝商城的冒牌货也成为我心中一根拔不掉的刺。看着自己的心血被别人坐享其成，而且还以次充好糟蹋我的品牌，那段时间，我陷入了极大的焦虑和痛苦。

屋漏偏逢连夜雨，新的烦恼也来了。2010年7月8日起，淘宝开始实行新的排名规则，排名权被重新调整，依次为成交量、收藏人数、卖家信誉、好评率、浏览量、宝贝下架时间。这让森舟茶叶的困境雪上加霜。搜索位置的前三位是留给商城卖家的，他们拥有很多特权，比如成交量是累积的，而我们是每月清零的，这样我们永远排不到前面去。在多方调查和分析之后，我预测商城模式以后将是电商的主流，如果不能"搭上这趟车"，不仅无法取得进一步的发展，甚至连生存下去都是问题。所以，我做出进驻淘宝商城的决定。尽管为此我需要付出更多的成本，比如服务费、缴税等，但我依然觉得值得。

入驻商城并没有彻底解决假货问题，但因为具有品牌优势，再加上，淘宝方面对商城客户的重视，森舟茶叶逐渐打开了困局，并最终站稳了脚跟。

面对变化复杂的市场，面对海量的信息，如何利用，如何做出决策？我认为，首先就是要通过调查研究和综合分析来准确认识现在和有效预测未来。决策是面对未来的，而对未来的事态只能靠预测。如果创业者在做决策时对所需的信息资料掌握得比较全面、准确、及时，对信息资料的分析实事求是而又符合逻辑，那么，他对未来的预测就会相对有效，对各种状态的概率估计就会基本符合未来的基本面目，他所做出的决策承担的风险就会较小，成功的可能性会随之增大。

1999年，在业界都不看好的情况下，马云剑走偏锋，创办了B2B模式的阿里巴巴。

在马云准备创办阿里巴巴时，互联网大潮已经席卷中国。各种模式的网站如雨后春笋般纷纷崛起。门户网站是主流，游戏、搜索、社区、交友网站也都领一时之风骚。可是，马云却剑走偏锋，选择了电子商务的雏形模式——B2B。

何谓B2B？B2B是电子商务的一种模式，是英文Business—To—Business的缩写，即商业对商业，或者说是企业间的电子商务，即企业与企业之间通过互联网进行产品、服务及信息的交换。

B2B模式首创于美国，但最初国外的B2B都是以大企业为主。而阿里巴巴的B2B则是以中小企业为主。从这一个层面看，这种以服务中小企业为主的电子商务模式是阿里巴巴独创的。这种模式最终能发展到今天，正是得益于马云对互联网未来趋势的精确预测，并由此做出的战略决策。

"亚洲超人"李嘉诚也是一位善于通过有效预测做出决策的企业家，我们来看看他是如何通过有效预测来获得巨大成功的。

　　20世纪50年代中期，李嘉诚创立了"长江塑胶厂"，当时主要是生产塑料玩具。不过，当时的塑料玩具市场已经趋于饱和了，长江塑胶厂生产出来的玩具销售极为惨淡，积压日增，工厂经营困难，濒临倒闭的边缘。为了挽救危局，李嘉诚积极地寻找着出路。

　　一次，在翻阅报纸的时候，李嘉诚偶然发现了一个机会。那是一则报道，讲的是本地的一家小塑料厂，正在生产制作塑料花，准备向欧洲销售。李嘉诚心中一动，马上思索起来。他想到了"二战"以后，欧美人民的生活水平虽然提高很快，但其经济实力还没有到广泛种植草皮和鲜花的程度。另一方面，欧美人对花草又有偏爱之情。李嘉诚由此做出预测，在一段时期内，塑料花在欧美必将得到大量使用，用于装饰各种场合。有需求就有市场，李嘉诚决定牢牢抓住这个难得的机会。于是，他立即做出决策：长江塑胶厂开始转型，放弃塑料玩具，主攻塑料花生产。

　　事实上，李嘉诚正是靠着塑料花为自己赢得了第一桶金，经过几年发展后，李嘉诚就成为香港大富翁之一。而如今，李嘉诚已经是全球闻名的"亚洲超人"。

通过马云、李嘉诚这两位商业巨头的案例，不难看出，有效预测的确是高明决策的前提。要想提高竞争力，实现经济效益最大化，创业者就必须对国内外经济态势和市场需求有充分的了解，熟悉与行业相关的各个环节，掌握各方面的最新和最可靠的信息，找出最有利于团队发展的信息加以利用，如此，才能使自己做出的决策时刻走在时代的前沿，跟得上时代的发展步伐。

当然，有效预测的能力不是生来就具有的，创业者只有通过不断地学习、总结、观察、实践，才能练就一双洞察未来的慧眼。

1.具备行业所要求的专业知识

有了专业的知识，创业者才能真正了解行业的内情，才能知道行业整体的发展走向。当然，光有专业知识是不行的，创业者还得时常关注各种相关信息，比如政治、金融、科技、民生、文化等各方面的相关信息，否则，就会跟不上时代的发展，容易贻误商机。

2.知道怎样利用信息做出有效预测

有了专业知识和相关信息还是不够的，还得知道怎么利用它们做出有效预测。这就需要创业者多看一些行业成功人士的传记、管理感悟和历史人物的传记等，从他们的人生和管理经验中总结经验教训，择其优而学，已经被前人证明是错误的事情，就没必要再去经历一次，只做对的就好。

3.具备长远的思想和眼光

"不谋长远者，不足谋一时。"只顾眼前，不管未来，是无法做出高明决策的。要想在竞争激烈的商业丛林中带领团队站稳脚跟并突围而出，创业者必须要培养长远的思想和眼光，在做决策时要有战略性，不能只考虑具体战术。

 森舟心得

要想应付瞬息万变的市场竞争，创业者就必须能够进行有效的科学预测，并在此基础上做出正确的决策，采取有利的战略行动计划，否则，就很可能会在惨烈竞争中贻误战机，导致最终的失败。

杜绝投机心理：不到万不得已，做决策不能心存侥幸

投资者与投机者是两个不同的概念。

——马云

经商多年，这其中有很多和我一起起步的老板创业失败了，究其原因，除了客观方面的，还有很重要的一条就是，他们中很多人在做决策时，对未来的市场趋势无法正确预测，只得赌一把，其结果可想而知，亏者多数，赢者少得可怜。而即使能侥幸赚一把，在后来也难以逃脱失败的噩运。

关于这一点，正反两方面的商业案例有很多。我们先来看一个正面的案例。

华为公司是全球领先的信息与通信技术解决方案供应商，早在1995年，就开始了国际市场的拓展之路，而这条路程是在"屡战屡败、屡败屡战"中不断完成的。对华为而言，国际化是个长期投入的过程，华为国际化是真真正正的投资，目标明确，与"只想捞一把就走"的投机公司有本质的区别。

华为创始人任正非在做出进军国际市场的决策时，就立场鲜明地表示华为"海外市场，拒绝机会主义"。任正非说："通信行业是一个投资类市场，仅靠短期的机会主义行为是不可能被客户接纳的。因此，我们拒绝机会主义，坚持面向目标市场，持之以恒地开拓市场，

自始至终地加强我们的营销网络、服务网络及队伍建设。"

其实，任正非在决策时拒绝投机的作风由来已久。华为创立后不久，邓小平发表著名的视察南方谈话讲话，中国经济由此进入高速增长阶段。因为投资速度过快，规模过大，导致中国经济过热，出现了很多投机现象。其中，炒股潮和房地产热就是两种非常典型的投机现象，许多人疯狂地投入到炒股中，而很多企业则对房地产极其痴迷，但任正非却始终不为所动，在做决策时拒绝一切他认为是"机会主义"和短期投机的东西，脚踏实地，走实业之路，最终换来了华为的崛起。

至于反面的案例，曾经在这方面吃过大亏的沈阳飞龙集团总裁姜伟的一席话可以说是最具代表性：

> 凡是明白的事，自然会义无反顾地去做，问题是许多时候对市场前景的感觉朦朦胧胧，而市场竞争又不进则退，所以只有去赌。很多民营公司很少犯方向性错误，搭错车，往往是赌错了机会，从另一个角度说，民营公司的发迹大多是抓住一两个好产品，瞅准一个市场空档，然后押宝于市场促销，一举成功。这种偶然性的成功渐渐成为民营总经理的一种思维定式，在决策时带有极强的赌性，但一两个产品赌赢了，并不意味所有的产品都可以如法炮制，由于民营公司没有政府背景，所以也不敢轻易地押宝于国家的宏观形势，大多只是在市场上判断一些变化，寻找个机会下注。

具有投机心态的中小公司，尤其在新崛起的私营公司中应占相当的比例，这样的老板我也认识不少。如果说，在公司决定创立时，多多少少都有"赌一把"的心态，那么，当公司进入正常经营后，如果还持之以投机心态，则会为害不浅。一些创业者之所以热衷于投机，这是由我国近20年来特殊的历史时期决定的：我国长期处于短缺经济时期，市场空子很多；我国处于政策和法规不完善的时期，政策空子很多；我国处于一个新旧体制转轨的时期，体制空子很多；我国处于一个投资者不成熟时期，造势取胜甚至造假取胜的空子很多。正因为我国转轨时期的上述历史特点，公司的投机活动具有更广泛的空间。

这些投机活动主要有以下一些特征。

钻空子。在规范的市场经济社会，所谓钻空子，主要是钻价格的空子，通过价格差发财。

赌一把。在投机活动中，输和赢的概率几乎是对等的，赢了算自己走运，亏了自认倒霉。

所赚的钱不是来自于财富的创造，而是来自于财富的分配，是通过掏别人的口袋赚钱。

不是通过艰苦细致的工作，勤劳致富，而是通过抓住有利机会一夜暴富。

投机的确造就了一些赢家，正是这些赢家不费吹灰之力一夜暴富，给一些创业者产生了极强的示范效应。但事实上，在投机活动中，赢家永远都是少数，输家永远都是多数。少数赢家的暴富正是以众多输家暴亏为条件的。另一方面，即使是少数赢家，也不是永远的常胜将军，如果单纯靠投机，迟早也会在决策上犯下重大错误，最终走向败亡之路。

 森舟心得

　　那些只顾眼前利益，不管长远损失；只顾自己赚钱，不管别人受害；只顾公司利益，不顾社会利益的恶性投机行为不仅会危害社会，还会把自己和团队带入绝境。

| 第七章 |

创业，最值钱的是品牌
马云教给我的创业品牌课

马云说：品牌不等于广告，广告砸出来的只是知名度，品牌是口碑相传的，品牌的"品"就是口碑相传，"牌"是要有品位，有文化内涵的，绝不是广告砸得出来的。

抢占脑海：以最快的速度让客户留下深刻影响

　　叫阿里巴巴不仅仅是为了中国，也为了全球。我们的事业不仅是为了赚钱，而是为了创建一家全球化的、可以做102年的优秀公司。

——马云

　　什么叫抢占脑海？抢占脑海就是一个收割思维，就是把对方脑海里已形成的符号、形成的标签以及他形成的词汇，拿过来为我所用。什么叫最快的速度？就是说，我讲完一句话你就记住了，一分钟之内讲完，你就立马可以记住。

　　我在给微商讲课时是这样介绍自己的："大家好，我是电商陈奕迅肖森舟，互联网森舟茶叶创始人兼CEO，我为自己代言品牌。"为什么我要这样介绍自己？因为肖森舟这三个字是不容易记忆的，但是陈奕迅谁都知道。这个词在受众脑海里已经存在了。所以，我要给自己起个艺名叫电商陈奕迅，把受众脑海里面已经形成的词汇拿过来为自己所用。这就叫最快的速度抢占脑海。

　　别人脑海里面词汇是别人的，不是你的，你需要做的是，利用这个词汇，新造一个品类。我运用陈奕迅这个超级符号，迅速抢占脑海。但陈奕迅是港台著名歌星、演员，并不等同于肖森舟。那么接下来该怎么办？新造一个品类，即电商，电商陈奕迅，这就可以让人记忆深刻了，能让消费者能产生联想而且能记得住你。

　　抢占脑海是打造品牌的一种方法与手段，是创业获得成功的基本策略之一，在如今这个物质过剩和信息过剩的年代，品牌是创业者参与竞争的基础和前提条件，适用于各行各业。那么，品牌要想抢占消费者脑海，具体有哪些技巧呢？我认为创业者，在最开始的为产品命名的时候就要想方设法地让产品的名字能迅速抢占客户脑海。

　　马云将公司起名为阿里巴巴就是一个很好的例子。创立阿里巴巴的时候，为了给网站起个好名字，马云思索了很久。直到有一次马云去美国出差，在餐厅吃饭的时候，他突然想到，互联网就像一个无穷的宝藏，等着人们去发掘。这时他想到了《一千零一夜》中"阿里巴巴"的故事。故事中，善良的阿里巴巴凭着一句"芝麻开门"打开了通往财富的大门，而马云他们的宗旨是要为商人们敲开财富的大门。想到这，马云很兴奋。

　　马云找来餐厅的侍应生，问他是否知道阿里巴巴这个名字。侍应生说："Yes，Alibaba——Open Sesame！（我知道，阿里巴巴——芝麻开门！）"

　　马云问了很多人，几乎所有人都知道阿里巴巴的故事。从美国人到印度人，只要懂英语，就能拼出"Alibaba"。而且，不论语种，发音也近乎一致。就这样，一锤定音，马云将阿里巴巴确定为公司的名字。

　　"阿里巴巴"这个名称取得实在是太精妙了，以至于得到全球范围内的一致好评。后来，在一次访谈中，阿里巴巴市场部总监张璞还对"阿里巴巴"这个名称的妙处作了个完整的阐释，他说：

　　　　阿里巴巴这个名字我们觉得真的不错。为什么？第一，阿里巴巴这个故事是全球流传的，因为它是一个很古老的阿拉伯神话传说。第二，阿里巴巴这个名字非常容易拼，因为在互联网上面很多域名都要很容易记忆。第三也是最有意义的，阿里巴巴，大家一听到这个词首先想到的是什么？芝麻开门。很容易想到芝麻开门，因为这是一个关于财富和宝藏的故事，所以说基本上所有的人一想到阿里巴巴就想到芝麻开门。而阿里巴巴是一家为商人提供服务的网站，所以说这样一家网站有这样一个名字，正好让所有的商人能够联想到财富。更进一步地说，大家如果了解阿里巴巴的故事，就会知道阿里巴巴是一个诚实的人不是一个狡诈的人，所以这非常切合我们公司的定位，我们想告诉所有人只有诚信的商人在网络上才会成功，这就是我们最后选择阿里巴巴这个域名的含义所在。

马云自己也表示，取名"阿里巴巴"是自己最得意的事情之一。"我们选择'阿里巴巴'这个名字是因为我们希望成为全世界的十大网站之一，也希望全世界只要是商人一定要用我们。你既然有这样一个想法你就需要有一个优秀的品牌、优秀的名字让全世界的人都记得住。"

好事多磨，就在马云兴高采烈地去注册域名时，却发现"阿里巴巴"已经被一名加拿大人注册了。马云对没有在第一时间内注册后悔莫及，他认定这个域名将来肯定会流传全世界，所以他并没有放弃对这个域名的追求，而是花费一万美元（也有一种说法是3000美元）从加拿大人那里买回了"alibaba.com"这个英文域名，这里值得一提的是，马云当时的启动资金只有50万人民币，为了买这个域名，马云付出的代价可谓不菲。

一万美元相比于Google以百万美元购买google.coom.cn和google.cn两个域名是小数目，但是对于初期只有50万元创业资本的阿里巴巴来讲却是个大数目。当时马云身边许多人对他的这一举动表示无法理解，但现在看来，马云此举可谓精彩，而这一万美元花得更是物超所值。

众所周知，企业以及企业产品的"牌子"对消费者的选购是有直接影响的，命名的好坏，与产品的销售之间有极大关系。命名恰当，可以扩大影响，增加销售；命名不当，则可能减少销量。

创业者在对企业以及产品进行命名时，一般应该注意以下要求：

1.命名要适应时代经济生活的明快节奏，提高响亮度。

2.命名要易于传播，不致被混淆。命名的目的，就在于自身与他人区分开来，使消费者容易认准牌号购买。如某产品的命名易于同别的产品混淆，就会给消费者认购造成困难，势必影响产品的销量。

3.命名要新颖。新颖，才能给人留下深刻的印象。目前命名常采用比喻法、双关法、夸张法、直陈法、形容法、颂祝法、借光法、反映法、创词法等，无论采取哪一种，都应务求新颖，不落入俗套，不与人雷同。

4.命名要能给人以艺术的美感，让人在欣赏夸饰巧喻的愉悦中，达到记忆的目的。

5.命名要能告诉或暗示消费者产品的特征和给消费者所能带来的好处。

6.命名要有伸缩性，可适用于任何新产品。日本有一个企业叫"味王"，开始是用于味精，后来又用于酱油、食品罐头等，以产品种类来看，"味王"二字极适合于食品类。

7.命名要字音和谐，韵味悠长。

8.命名要研究消费者的喜好和禁忌，尤其是在出口商品上必须了解消费者所在国家和地区的习俗，切勿犯忌。例如我国的"山羊"牌闹钟，"山羊"在英国是被喻为"不正经的男子"，"山羊"如果出口英国，尽管这种闹钟价廉物美，仍会无人问津。

 森舟心得

要打开销路，占领市场，不仅要求质量高，而且不能忽视名字的作用。起一个既符合产品性能特征，又符合消费者心理需求的名字，无疑会提高企业以及产品的知名度和竞争力。

品牌保护：像保护眼睛一样保护自己的品牌

我们对侵犯他人品牌和知识产权的行为零容忍，绝不姑息，现在不会，将来也不会！

——马云

2014年11月初，就在网购一族的狂欢节"双十一"进入最后倒计时的时候，原本应该各自忙碌的电商企业们，却在网上吵了起来。原因是，10月30日，阿里巴巴对各大媒体发了一份《通告函》，声明自己已将"双十一"注册商标，其他电商企业再使用属侵权行为，要求媒体发布信息时注意。

阿里巴巴为什么抢注"双十一"，其实就是对品牌的一种保护，对此，马云在一份回应中做了详细的解释："'双十一'是要全球化的，可在全球化方面，中国企业吃了很多亏，特别是在品牌、知识产权方面，一直以来都是跟在别人后面，如果某一天一个国家注册了（双十一商标），说是他们国家的，你也够头痛的，这种事情我们国家经常发生的，我们国家的一个历史上的人物或者别的事儿变成别的国家的了。所以，我们的同事在设计的时候，2011年就注册了（双十一商标），三年以前我们就觉得这个'双十一'必须要成为全球化。"

的确，品牌是一项十分重要的无形资产，为使品牌的无形资产不受侵犯，创业者必须向马云学习，对自己公司的品牌实施有效的保护策略，爱护品牌就要像爱护自己的眼睛一样。可在现实中，很多创业者对品牌却缺乏足够的重视，对品牌这种无形资产疏于保护。

以我自己为例，森舟茶叶进入淘宝商城相对较晚，所以在品牌上不占据优势，商城中假冒侵权的产品还是在销售，搜索"满口香"（森舟茶叶的一个茶叶品牌）也是假货排在前面。这导致那些不明就里的客户在买过假货和真货后，反过来起诉我们森舟茶叶卖假货。我深知品牌保护的重要性，但又无力改变淘宝商城的大环境，所以，只能和员工们一一向客户解释原委。那段时间，我手机几乎从不离手，熬夜也是家常便饭，就是为了随时和客户保持联系，向他们解释。有一段时间，连不明就里的老客户也打电话过来质问我，为什么同样的产品森舟茶叶比别人贵了一倍。在这种情况下，我认识到不采取行动，森舟茶叶这个品牌很可能毁于一旦，于是就向淘宝商城投诉："淘宝商城的招牌就是正品保障，公然卖假货而不管岂不是自毁招牌？打假不单单是为了我们森舟。"

2011年1月13日，淘宝网发布了2010年维权数据，并公布了当年的严打态度，统计显示，2010年全年淘宝网共处理侵权商品1400万件，其中与6000余品牌商、权利人联手，直接删除的侵权商品达571万件。这当然不是我投诉的结果，假冒的森舟茶到现在也没有得到彻底解决，但我相信，只要每个卖家都能加强品牌保护意识，那假货迟早会失去生存的空间。相反，如果自己都没有很强的品牌保护意识，那么，即使淘宝或者阿里巴巴在打假方面花再大的力气，恐怕也很难根治假货。

说到这里，我想起了我小时候特别爱吃一种品牌的锅巴，那就是大名鼎鼎的"太阳锅巴"，创业后，对"太阳锅巴"的发展史还做过专门的研究，太阳锅巴可以说就是因为缺乏品牌保护意识而走向衰落的。

"太阳锅巴"及其系列食品曾经在20世纪90年代大起大落，它经历了辉煌、也经历了重创。可以说，从它的身上我们能看到中国市场经济初期企业的稚嫩和缺陷。

太阳牌食品是西安太阳食品集团公司生产经营的系列食品。其主要品种是太阳牌锅巴，占总销售额的60%。太阳牌锅巴是一种以大米为原料的小食品。在全国市场风行一时，在消费者中享有很高的声誉。

1992年，该公司负责人李照森陷入了困惑。他坚持施行打假，但是政府相关负责人员到郊区抓到了制假者，第二天就放了，对造假者无法实行足够的惩罚。何况一个西安的本地企业，如何对抗全国范围内浩浩荡荡的仿冒大军呢？虽有一腔怨气，太阳公司的打假行动只得不了了之。出现这种情况完全是由于太阳食品对品牌保护不利造成的，所以，当兆信电码防伪技术在西安推广的时候，李照森毫不犹豫地首先采用了这一技术，但是这并不能成为太阳锅巴的保护神。由于锅巴产品本身的易复制性和口味上无大差别性，人们在选择锅巴时，对品牌的忠诚度并不显著。而太阳公司推出的欲占领低端市场的散装锅巴，更使得家庭作坊式的锅巴产品有了从全国各地涌入锅巴市场的可乘之机。与此同时，产品生产过剩、劣质锅巴的涌入，迫使太阳锅巴陷入价格大战，其结果不仅失去了原有商业网络，其市场地位也受到很大冲击。

一段低落的时期过后，太阳食品公司经过对失败因素的冷静分析，决定收复失地，方式还是在加强"太阳"品牌的形象上。虽然太阳食品在包装设计上做了很多改进，从根本上消除了假冒产品存在的隐患，而且在产品品种方面也增加了7个系列，但太阳锅巴的表现并未出现太大的转机，直到现在成绩一直平平。

太阳锅巴有喜也有悲，有成功也有失败。从品牌建设角度来讲，太阳锅巴的成功在于准确的品牌定位和品牌宣传。而太阳锅巴的失败一方面在于没有做好品牌维护，使假冒伪劣产品有机可乘，破坏了太阳锅巴的品牌形象和销售网络，使企业的利益直接受到损害。另一方面，作为食品企业，太阳锅巴没有最重要的生存要点，即更高的技术含量和不可复制的专属特性，也就是说太阳锅巴不能像可口可乐那样有自己独特的配方，当竞争者来临时不能保持自己的特性。

如今在全球范围内，打假防伪已成为众多著名企业的重点工作之一。但令我感到担心的是，我国仍有许多公司尤其是私营公司对包装防伪不重视，甚至认为"有人假冒是在替自己出名，同时还挤占了其他品牌的市场"，我认为这种看法实在是大错特错，等到自己的产品销量被假冒产品冲击得直线下滑时，再后悔就已经来不及了。

要做好品牌保护，我认为首先要加强对品牌保护的认识。品牌保护主要是指对商标、专利权等无形资产的保护以及在品牌管理过程中对品牌有无伤害行为。前者是硬性保护，后者是软性保护。

1. 硬性保护

对品牌的硬性保护主要指对品牌的注册保护，包括纵向和横向全方位注册，不仅对相近商标进行注册，也对相近行业甚至所有行业进行注册。

（1）近似注册。在"阿里巴巴"域名注册几年后，眼光长远的马云把"阿里妈妈""阿里宝宝"也注册了下来。许多网民都对这些域名非常感兴趣，将其称为"域名家庭"，此举无疑确保了品牌保护的万无一失。

（2）行业注册。比如一个做食品的品牌，不仅在食品行业进行注册，同时在医药、地产、电器、化妆品等行业分别进行注册，这样就不会在其他行业出现同名的品牌，品牌在进行延伸时也不会出现法律上的麻烦。

（3）副品牌注册。对于实施了副品牌战略的企业，有必要对各副品牌名称进行注册。

（4）包装风格注册。对独特的产品包装风格，要申请专利保护。如可口可乐的外形包装，其他饮料就不能模仿。

（5）形象注册。形象物已经为越来越多的企业所使用，如天猫商城的小猫形象，以及我们所熟知的麦当劳叔叔、肯德基上校等，这些形象的使用成为品牌识别的标志之一，对其进行注册保护，可以维护品牌识别的完整性。

2.软性保护

软性保护是指企业在品牌的管理中，谨防做出与品牌核心价值不一致的行为，造成对品牌的伤害。比如：推出与品牌核心价值不吻合的产品或产品概念，推出与品牌核心价值不一致的传播与活动。

（1）纵向保护。纵向保护是指在时间上，品牌应该坚持一个主题去传播，不要轻易改变主题，推出与主题不一致的广告。在品牌的管理过程中，应该坚持"用一个声音说话"，如果今天定位于"阳刚"，明天又变为"热情"，那么传递的信息将会混乱不堪，这对品牌形象是极为不利的。

（2）横向保护。横向保护是指在同一时期品牌的推广上，应该以统一的形象出现，广告、公关、促销等行为应该协调一致，不能相互打架，相互抵消。

 森舟心得

　　品牌从来无小事，一个疏忽大意，由此引发的纠纷就能让企业欲哭无泪。只有从一开始就保护好品牌，才能避开日后巨大的伤害。

品牌信誉：千万不要自己砸自己的牌子

品牌绝不是广告砸出来，靠的是质量和信誉。

——马云

没有品牌的竞争是无力的竞争，没有品牌的市场是脆弱的市场，没有品牌的企业是危险的企业。如今很多人却误以为广告就等于品牌，所以在广告上加大投入，但是得到的回报可想而知。对此，马云表示，品牌里是带有文化和精神的，不等于广告，依靠广告投入赚取的只是知名度而已，而真正的品牌依靠的是质量和信誉。

品牌信誉反映了企业向市场和客户提供有价值产品和服务的能力和诚意。它就像一个积分过程，消费者把自己的品牌认知、品牌接触和品牌体验的每一个微小分量，加到一起，形成对一个品牌的综合印象。

马云在谈到品牌信誉时曾说："老实说，我在最初创业的时候，也许真的没有其他创业者那么高的雄心壮志。当时就是想企业能活下来就不错，做着做着，就发现了品牌的重要。品牌的管理意识在当时我确实是很欠缺的，但是一个牌子对一个人的信誉本身是多重要，我觉得我在当时就是很清楚的。"

马云这种"信誉是品牌基础"的理念也深刻影响着我。

我曾在一本创业类图书中看到过这样一个案例：几年前，某建筑施工单位刚走向市场时，在自己家门口接到一项公路铺建工程，由于管理不善等原因，工期拖延、质量差，最后虽然勉强交付，但企业的牌子却因此"砸"了。在此后的几年里，尽管这个单位的管理水平、职工技术素质和机械施工能力都有很大提高，但先前留给公路建设单位的印象却抹之不去，不仅使这个单位在自己家门口失去了公路建筑市场，就是到外地参与公路工程投标、资格审查也被排除在外。相比之下，有的建筑企业无论在哪个施工领域，总是千方百计创牌子，从而占据一方市场，这种做法是值得学习和借鉴的。

2006年3月18日，我在淘宝的茶叶店开张。为了增强品牌信誉，我把能证明自己身份的东西都上传到网店上，比如，用我的名字"森舟"作为店名，把我在茶园拍的照片也上传到店铺网页，目的就是告诉消费者这些茶叶是自家种的，同时也告诉消费者随时可以找到我这个人。为了更好地向客户介绍每一种茶叶的口感特性，我细细品尝店内卖的每一种茶叶，并根据自己的实际感受，把茶的口感、香味详细地描述在产品说明上，包括我认为不足的地方也会标明。这种专业与坦诚的态度很快赢得信任、人气与生意，森舟茶叶的品牌信誉最初就是这样建立起来的。

所谓创品牌，我认为就是树信誉。牌子越硬，公司或经营者的信誉就越好，也就能占据更多的市场。**公司或经营者的信誉是无形的，更是无价的。**目前的市场竞争机制虽不够健全，但优胜劣汰的法则对每个经营者来说都是公平的，市场机遇总是垂青那些牌子硬、信誉好的企业。所以，创业者应该把消费者当作"上帝"，做到做一样生意，创一方信誉，树一块牌子，占一方市场。

1835年，摩根先生成为一家名叫"伊特纳火灾"的小保险公司的股东，因为入股这家公司不用马上拿出现金，只需在股东名册上签上名字就可成为股东。这符合摩根先生没有现金但却能获益的设想。

很快，有一家在伊特纳火灾保险公司投保的客户发生了火灾。按照规定，如果完全付清赔偿金，保险公司就会破产。股东们一个个惊惶失措，纷纷要求退股。

摩根先生斟酌再三，认为自己的信誉比金钱更重要，于是他四处筹款卖掉了自己的住房，低价收购了所有要求退股的股东。然后他将赔偿金如数付给了投保的客户。

这件事过后，伊特纳保险公司成了信誉的保证。

已经身无分文的摩根先生成为保险公司的所有者，但保险公司已经濒临破产，无奈之下他打出广告，凡是再到伊特纳火灾保险公司投保的客户，保险金一律加倍收取。

果然客户很快蜂拥而至。原来在很多人的心目中，伊特纳公司是最讲信誉的保险公司，这一点使它比许多有名的大保险公司更受欢迎。伊特纳火灾保险公司从此崛起。

过了许多年之后，摩根的公司已成为华尔街的主宰。而当年的摩根先生正是美国亿万富翁摩根家族的创始人。

其实成就摩根的并不仅是一场火灾，而是比金钱更有价值的信誉。还有什么比让别人都信任你更宝贵的呢？信任的基础是什么？是相互之间对人品的了解与欣赏，是人与人之间无法用金钱来衡量的友情。

创品牌，树信誉，这是当今市场竞争形势下必要的生存手段，是创业公司求生存、求发展的最佳途径。创品牌不易，保住品牌和信誉就更难。有家馒头店，馒头又大又白，口感很好，吸引了远近不少居民去购买，经常供不应求。可开业几个月之后，人们发现，馒头变小了，顾客也因此渐渐少了，馒头店受到了冷落。原因何在呢？很显然。馒头店的老板取得信誉后就降低了馒头的质量，他以为消费者会依然如故。其实不然，这种把戏犹如窗户纸一样一捅就破，消费者心中有杆秤，能称出它的轻与重。老板没有把顾客当作"上帝"来对待，而"上帝"岂能容他戏弄？事实上，不是消费者疏远他，砸他的牌子，恰恰是他自己毁了自己的牌子和信誉。

 森舟心得

　　人吃亏大凡有两种因素：一是因小失大，顾此失彼；二是虽有前车之鉴，足以为戒，但没有接受教训，存有侥幸心理。这两种因素乃经营之大忌。创业者切记，千万不要自己砸了自己的"牌子"。

品牌口碑：口碑的成本最低，但杀伤力却最大

阿里巴巴一贯以来倡导的是蚂蚁雄兵、口碑相传，帮助客户成长，让他们去推荐，客户推荐的才是真的好。

——马云

在这个时代，比起品牌和机构，我们更相信的是人。这就是为什么像我这样的"网红品牌"越来越受到人们的认可，也是为什么我们在消费之前会仔细参考其他的评价，无论是来自身边的好友家人，还是互联网上素不相识的评论者。

现在，品牌和用户的互动都在公开的环境下进行，所以，几乎任何大小品牌都会受此影响，大到迪拜哪家酒店景观最好，小至路边哪家煎饼果子最好吃，甚至是哪个公园狗屎最多……而这些言论又影响着更多素不相识的人们的判断。但这些带有个人观点的只言片语到底会对品牌有什么影响？如何量化？

我曾看到过几个著名网站联合发起的调查，就是将口碑传播的效果量化，非常有趣。调查方式是，通过给被访者看不同的产品线上反馈，评论分别来自朋友、家人或者网友，然后询问被访者对产品的购买意欲，看看他们想要为这一产品多付或者少付多少钱。

他们得到的结论是，如果看到积极正面的评论，人们会更愿意多付 10%，反之，则是少付11%。

以手机为例，如果看到网上的正面评论较多（来自电商，如天猫或者京

东），用户会有意愿多付 200 元购买，如果这条网络评论是来自朋友或者家人，他们的意愿也就更高了，可以多付 300 元。

其实更有意思的是，来自朋友和家人的负面产品评价，对人们的影响较小。相反，如果对一个产品的负面评价是来自陌生的网友，人们更倾向于相信这个评价。也就是说，来自熟人的正面评价以及来自陌生人的负面评价，对于消费者判断的影响更加大。这就充分表明，产品的个人评价和推荐带来的口碑效应已经成为品牌的核心组成部分。

这份调查可以给我们许多启示。我们创业、办公司，做就要面对顾客和客户。用怎样的方法可以起到事半功倍的效果呢？答案只有一个，建立一张顾客的关系网络，让顾客给你介绍顾客，让你的品牌在客户好的口碑中茁壮成长。

那么，如何建立起属于自己的一张顾客网络以形成品牌口碑呢？我建议你不妨试试下面的方法：

1.将你的客户组织化。你可以利用一天的时间，将你的客户集合组织起来，举办一些诸如参观名胜古迹、乘车去某地观光旅游、看戏、看电影、观看体育比赛等，借着这个机会，你可以让你公司里的一些高级管理人员和他们在一起联络感情。而客户和客户之间，虽然原来可能彼此没有见过面，但既然都是你公司的客户，总会有许多共同的话题可以在一起探讨，这样方方面面沟通起来都比较容易，而不至于冷场或者感到尴尬。如果客户原来就彼此熟悉，这次又给了他们加深感情的机会，他们也会感到高兴。这样，通过这些活动，你就树立起了公司的良好形象，从而吸引更多的客户。

当然，在举办这些活动时，你要密切地观察，从你的这些客户里找出最具影响力的客户来，再通过其他方式给他们做些工作，你的工作效果就会更好些。

2.和你的客户交朋友。真心实意地和你的客户交朋友。如果你和客户成了知心朋友，那么他就会将他的心里话说给你听。人都有喜、怒、哀、乐，有他值得高兴的事情，也有令他悲哀的事情，你和客户朋友一起分享他的快乐，分担他的悲哀。这样，你就可以介入到他的生活圈子里，和他的朋友成为朋友，你就会有新的客户上门。

当然，你也可以把你的生活和工作跟他谈谈，既然你们是朋友，你工作上有不顺心的事情，他就会勇敢地站出来，为你分忧解难，他也会帮助你生意的事，把他的朋友主动介绍给你，或者帮助你把某笔生意直接搞定，使新客户也成为你的朋友。

3.客户网络中需要有新鲜血液。经商做生意一直是处在一种变化之中，客户网也是经常变化的，所以，你要注意，经常性地给你的客户里加入一些新鲜血液，使你的这张客户网络保持一定的活力和张力。这时，就需要我们作出正确的合理的取舍。从你的关系网络里剔除一些旧的缺少活力的客户，而加入一些充满活力的新客户。

在进行取舍的同时，我们必须不断地补充更加新鲜的血液，**在已有的客户中挖掘客户，在挖掘出的客户中再挖掘客户，这是所有成功创业者都具备的，同时也是其感受最深的。**在这个过程中，你必须要善于抓住有挖掘潜力的客户，要善于抓住客户中的领袖和有权威者。

 森舟心得

消费者最迷信的人是他所认识的人，口碑的杀伤力最大，成本也最低。

第八章

营销就是营心，得人心者得天下

马云教给我的创业传播课

马云说：营销强调既要追求结果，
也要注重过程，既要"销"，更要"营"。
"营"是过程是影响力，"销"是结果是数
字，二者缺一不可。

名人营销：借花献佛，巧借名人造势

> 世界首富比尔·盖茨说，互联网将改变人们生活的方方
> 面面。
>
> ——马云

2017年12月初，一张张微商与美国前任总统奥巴马的合影开始在朋友圈流传。看到照片的人第一感觉是，照片是PS（图片处理软件名称缩写）合成的或者是与蜡像合影。殊不知，与微商握手的的确是奥巴马本人。有记者调查到，这次是在上海召开的一个中小企业峰会，奥巴马应主办方之邀前来参加。据工作人员透露，这次峰会门票最高价5980元，而与奥巴马握手需要另外收费，最低收费25万元。

当下，尽管国内对微商的评价还不是很高，但是从众多微商一掷万金排着队与奥巴马合影、发朋友圈的积极程度来看，我认为，微商才是最懂得营销自己的品牌和产品的。这些微商中，不少都是我的朋友，我虽然因事错过了这次与奥巴马合影的机会，但从朋友圈中微商发出来的合影照来看，这次名人营销无疑是成功的，拿到合影后他们都会配上"某某董事长受奥巴马认可""某某品牌创始人会见奥巴马"等字样。这样的照片配这样的文字，不仅在网上可以吸引眼球获得关注，而且给微商代理们也是强有力的信心支持，可谓一箭双雕。花25万拍一张照，绝对不亏。

"和马云的三次会面"，"电商陈奕迅"，我对外界这样介绍自己其实也是典

型的名人营销，前文对此多有描述，这里就不再重复。我们下面再来看一些成功的名人营销个案：

韩国前总统金大中在金融风暴后，亲自为韩国做广告，使韩国经济的恢复速度加快。

美国前总统克林顿在访华期间前往桂林，在领略了美不胜收的桂林山水后，赞不绝口，以至于推迟了其他计划，而在此后的数月里，桂林旅游强势不减。克林顿的夸赞不仅给桂林带来了巨大的旅游收入，也很大程度地提高了桂林的知名度。

伦敦一家曾经门可罗雀的珠宝店，为了摆脱岌岌可危的困境，利用人们对黛安娜王妃的仰慕心理，对顾客这样介绍说："这是黛安娜王妃前天选购的那种项链。我想，你一定也喜欢它。"那些"爱屋及乌"的黛安娜迷们，立刻抢购"黛安娜王妃"所赏识的首饰。老板满面春风，亲临柜台，面带微笑，热情地为每位太太和小姐介绍"黛安娜王妃"喜欢并购买的那种项链，使得这一家珠宝店一时门庭若市，车水马龙。仅几天的营业额就超过了开业以来的总营业额，发了一笔大财。

……

这些正是借名人之势营销策略的最好证明。

事实上，借助名人营销来提高企业的知名度，在中国，马云也是做得比较早且效果非常好的一个。

早在开始创办"中国黄页"时，针对国内网络现状，马云就使出了名人营销这一招。当时中国的互联网真实情况是：截至1995年底，上网用户仅为三千人。懂得互联网的人更是凤毛麟角。而大多数企业和企业家都不知道何谓"黄页"，"黄页"能做什么。在马云推销黄页的过程中，很多人将他当成骗子看待。那么，马云靠什么本领让人们接受"黄页""因特耐特"这一系列听起来很怪异的东西呢？

为此，马云和他的团队编了一句广告词：世界首富比尔·盖茨说，互联网将改变人们生活的方方面面。这句话成为1995年最流行的一句话。当时，大多数人都认为这句话真是比尔·盖茨说的，直到后来马云坦承此事："其实这句话是我说的。但是我若说是马云说的谁会搭理？所以我说是比尔·盖茨说的，其实他那时候还是很反对互联网的。"

马云借助比尔·盖茨做广告的效果非常之好。由于有了世界首富比尔·盖茨"开路"，马云和他的中国黄页很快就吸引了各路媒体、企业和大众的眼球，中国黄页的业务也就是从那个时候开始，扭转了不利局面，开始突飞猛进地发展。

当然，客观地讲，马云所谓的"世界首富比尔·盖茨说"毕竟是杜撰出来的，这一点他自己也承认了。从这一点看，马云的做法是有些不太老实，甚至有侵犯他人名誉的嫌疑。因为在1995年的时候，盖茨对互联网还是保持一种中立甚至不屑的态度，而马云的说法与此完全相反。假设比尔·盖茨当时知道中国有个叫马云的年轻人正打着他的旗号"狐假虎威"，而他要较起劲来起诉马云，马云也只能"认罪伏诛"了。

当然，这些都是玩笑之语，先不说远隔重洋的世界首富比尔·盖茨不知道马云的行为，即使知道，事情到底要如何处置我们也无法假设。就单以马云这句广告词的效果来看，比尔·盖茨还应该感谢马云，因为马云毕竟是提前为他做了一次免费的理念宣传，让比尔·盖茨和他的微软在中国声名显赫，也给其带去了巨大的利益。

在2007年4月举行的博鳌亚洲论坛上，当有人提出"下一个比尔·盖茨是谁"的问题时，比尔·盖茨毫不犹豫地给出了自己的答案：亚洲的马云。这当然是比尔·盖茨的真实想法，但或许也有比尔·盖茨对马云的感谢之意吧。

像马云这般"攀龙附凤"，借名人或明星效应为自己的产品造势，往往能让你的企业更快地成长，也能让你在经商上更快地获得成功。

为什么名人和明星会有这种作用呢？这是因为，在现实生活中，人们在认识上对所认识的对象常常会产生一种偏差的倾向，当人们对某个人或某件物品有了总体上的好感之后，就会对这个人或物品的缺点"视而不见"。人们认识中的这种现象会影响他们对事物本身的客观认识，出于对名人、明星的崇拜心理，作出一些超出正常思维范围的决策。

在现在的广告界，大多数企业都在使用名人营销，这从充斥荧屏的明星广告就可以看出来。虽然，观众对这些广告也有可能不喜欢，但毋庸置疑的是，这些广告确实使这些企业的产品名声大增。借助名人的影响力和辐射力，企业可以使自己的产品引发认同感，扩大产品知名度，进而达到推销产品或推广品牌的作用。当然，如果能不花钱就请到名人来帮助营销，那就需要不同寻常的方法了。

 森舟心得

名人营销要想见实效、见长效，最终还得靠产品本身的质量好。有了一流产品，然后借助名人营销，产品就会如虎添翼。假如产品不行，用名人营销来欺骗消费者，其危害是巨大的，一害公众，二害名人，三害企业。

娱乐营销：贴近地气，好玩的才真正好卖

娱乐内容是网民最为关注的互联网内容，必须全心投入娱乐，引导娱乐。

——马云

所谓娱乐营销，就是指借助娱乐活动，通过各种活动形式与消费者实现互动，将娱乐因素融入产品或服务中，从而促进产品或服务取得良好的市场表现。

"一切行业都是娱乐业。"这是美国著名管理学者斯科特·麦克凯恩的一句名言。

在广告的边际效应越来越下降、市场竞争越来越激烈的情况下，娱乐营销越来越成为企业借助时尚文化潮流进行营销突围的最有效武器之一。有人甚至这样说："19世纪的营销是想出来的，20世纪的营销是做出来的，21世纪的营销将是'玩'出来的。"

2015年6月初，在收到微电影《我的微商女友》导演卜青文的邀请，请我出演片中微商导师这个角色的短信时，我十分激动，我一直梦想有一天将自己的微商经历在电影镜头里呈现出来，没想到这么快就美梦成真了，正如马云所说，梦想总是要有的，万一实现了呢？另一方面，我觉得这也是一个非常好的娱乐营销的机会。当时，微商这个行业正处于风口浪尖，很多人对微商颇有微词，但是我相信大部分是绿色微商，合法经营，所以，微商界也的确需要拍摄

一部反映绿色微商、正能量的微电影，而卜青文导演这个时候拍摄《我的微商女友》，我认为是最好的时机，一定能引起公众的共鸣，更重要的是，对我个人的品牌知名度也会有一个很大的提升。所以，我果断接受了这个邀请，并努力参与其中。果然，这部电影播出后，在微信朋友圈掀起一阵风潮，很多微商纷纷点赞，我也借助这股东风，个人知名度有了极大提升。在这个娱乐至死的年代，如何更好地搭载娱乐元素吸引用户，进而与其更好地沟通，已经成为每一个创业者必须思考的问题。但与此同时，随着娱乐营销的狂轰乱炸，用户的免疫力也在不断提升，常规的营销方式不过只是隔靴搔痒，要想真正触动受众的心，必须另辟蹊径，唯有如此才能从众多的娱乐营销事件中脱颖而出，真正让用户产生强烈的记忆，甚至心理上的共鸣。

如果说谁最会玩娱乐营销，我认为，马云一定是最有竞争力的企业家，一场"双十一晚会"，让无数专业营销人都膜拜不已，而2017年的"双十一"，马云更是将娱乐营销玩到了极致。

2017年10月28日，马云在个人微博上公布了一张电影海报，并配以"那一夜，那一梦"六个字，《功守道》正式进入大众视线。马云首次"触电"，李连杰、洪金宝、甄子丹、吴京等功夫明星助阵，马云还联袂王菲合唱电影主题曲。

这是什么概念？可以说，这部只有20分钟的微电影，集结了华语娱乐圈最"贵"的营销策划的资源配置。一个粗浅的算法，只李连杰和甄子丹加起来的片酬，轻轻松松超过一个亿。而吴京在《战狼2》上映之后，片酬翻了10倍不止。

群星助阵，声势浩大，马云拍这部电影只是为了证明有钱吗？实际上，一部《功守道》在帮马云圆了功夫电影男一号的心愿的同时，还是一次巧妙的娱乐营销。《功守道》巧妙地把播出时间定在了"天猫双11"晚会和"天猫双11"当天，前期通过娱乐营销把大家的兴趣和好奇心完全点燃，成功地为即将到来的"天猫双11"吸引了极高的关注度。结果也表明，马云这次娱乐营销的效果非常好，2017年"双11狂欢节"再创纪录，全天成交额达到惊人的1682亿元。

娱乐营销成就的不止阿里巴巴，还有很多知名的公司，如苹果的娱乐科技帝国、迪士尼销售娱乐体验、好莱坞的娱乐产业，也有很多企业应用娱乐营销成就品牌，如麦当劳的娱乐定位，百事可乐也通过明星、音乐等娱乐战略成为在中国畅销的饮料，娱乐营销的作用不言而喻。

我认为，娱乐营销的成功体现在五个方面：把握目标受众心理特点；以创新娱乐方式满足大众娱乐化心理；引发消费者的积极参与、互动与扩散；对娱乐营销进程的深刻把握；把握舆论制高点，注重媒体传播。

总之，娱乐营销正在为企业创造多元化的价值：娱乐营销可以在短时间内提升企业知名度，打造美誉度；可以快速推广新产品，宣传新概念；能提升企业竞争力，加强对客户的吸引力；能让客户更加容易满意，更加忠诚；可以让员工更加热爱工作，提升员工满意度；可以为企业创造利润，战胜竞争对手。所以，在为客户服务的时候，创业者要将焦点放在塑造客户的体验上，在体验的接触点注入娱乐的元素，想方设法为客户提供更多的娱乐。

森舟心得

从娱乐营销的原理分析，娱乐营销的本质是一种感性营销，感性营销不是从理性上去说服客户购买，而是通过感性共鸣从而引发客户购买行为。这种迂回策略更符合中国的文化，至少比较含蓄，不是那种赤裸裸的交易行为。

媒体营销：长袖善舞，巧借媒体的力量

媒体说我们好，我们会高兴，不好的也会郁闷。

——马云

营销大师菲利普·科特勒曾经断言：真正的广告不在于制作一则广告，而在于让媒体讨论你的品牌而达成广告。中国营销专家张治国也曾在其经管畅销书《蒙牛内幕》中提出这样的口号：广告打造"玻璃品牌"，新闻打造"钻石品牌"。

媒体营销，包括广告和新闻两种，相比于千篇一律创意低劣的广告，人们更愿意接受新闻。所以，在媒体上制造新闻点，以此来提高品牌的影响力不失为高明营销策略。

2015年，我接到了旅游卫视综艺节目《大微直播间》的邀请。《大微直播间》是旅游卫视强力打造的大型励志公益服务类节目。节目旨在整合优质产品，为创业青年及传统中小企业搭建项目平台实现可持续发展，通过颠覆性互联网思维，打开企业及个人发展思路，提供资金人脉渠道，解决困境，智慧创富，实现线上线下整合营销。

在这次节目中，我分享了自己的创业故事，一方面是希望为在微商道路上追梦的人指点迷津，另一方面，我认为这也是一个很好的媒体营销的机会。为此，在上节目时，我专门穿了通过拍卖而来的那件"马云2号战袍"，并在上节目之前，花了一周的时间做准备。结果，节目播出后反响良好，"微商大咖肖森舟"得到了更多人的认可，一些新的客户与朋友也纷纷成为我的人脉资源。

马云在媒体营销上更是一位超级高手，早在创业初期，他就曾借助在中央电视台"东方时空"栏目工作的杭州老乡樊馨蔓使自己登上了CCTV的舞台，纪录片《书生马云》的播出对当时马云和他的中国黄页都有着极其重要的帮助。

后来，为了提高阿里巴巴的品牌影响力和知名度，马云相继推出了"西湖论剑""收购雅虎""推广B2B"等一个个备受关注的新闻事件。

2006年3月，马云受邀为CCTV经济频道的大型经济类互动节目《赢在中国》担任评委。

"赢在中国是一档寻找商业领袖的节目，也是一个让商业领袖横空出世的平台。在这个平台上，机会均等——你的年龄、学历、性别、籍贯，都不是你被选中的首要条件，条件只有一个：才能。"这是《赢在中国》节目简介的一部分，由此我们可以看出这个节目的主旨。

毫无疑问，《赢在中国》栏目是CCTV经济频道2006、2007年度策划最成功的栏目。在当时各地选秀节目举办得风生水起之时，《赢在中国》异军突起，赢得不逊于任何选秀节目的收视率，以及更为深远的影响力。"励志照亮人生，创业改变命运"，激励创业、引导创业、点评创业、资助创业，迎着绽放的向日葵花，伴着悲壮雄浑的《在路上》主题音乐，《赢在中国》一次次把观众的眼球聚焦到创业的舞台上来，成就了一个个充满激情和才华的创业英雄。

《赢在中国》创造了很多赢家，获得1000万元创业投资金的宋文明，还有文武双全的李书文，睿智犀利的制片人王利芬，当然还有那些有着精彩点评的嘉宾，而马云无疑是其中最大的赢家。有专家指出，马云至少通过《赢在中国》赢得了以下三大收益：

其一，马云作为后信息时代互联网行业草根创业的领袖级人物，担任《赢在中国》两赛季首席评委，活跃在中国第一大媒体CCTV经济频道上，以独特的视角、幽默的语言、专业的分析、精辟的论述，牵动着万千观众的眼球，马云在《赢在中国》的出色表现，可以说是其继阿里巴巴、"西湖论剑"、"B2B模式"、"收购雅虎"等一个个炽热的名词后，又一次在高空闪爆的礼花，也可以说是马云营销史上的又一次大手笔，这让马云和其麾下的国际化企业始终保持着火热的温度，马云和他创造的品牌将因此再度高速大范围传播和增值。

其二，马云在《赢在中国》节目中的持续活跃和火暴，再度聚揽了狂飙式的人气，他在"舞台"上表现出的"诚信"（行业竞争道德观）、"守法"（警告参赛者不要逃税）和"不在乎点击率，只看能否给客户带来价值"的商业观，再度树立了马云和阿里巴巴的商业信用，满足了受众的心理预期，为阿里巴巴B2B业务在中国香港上市创造了巨大的虚拟增值空间，增强了观众对阿里巴巴的信任和预期，使马云和他创造的品牌成为观众心目中一支"绩优蓝筹股"，因此通过虚拟市场募集到的资金是实实在在的巨额收益。

其三，马云因担任评委出版了《马云点评创业》一书，天然良好的题材和参赛选手的思想碰撞，加上他自身多年积累的创业感悟，很短时间就成就了一部热销著作，这样的结果可能连马云自己都没有想到；还有阿里巴巴和雅虎中国作为赛事的官网支持，报名、视频搜索、新闻、评论、博客等链接给阿里巴巴带来了巨大的点击率和业务量。

由此可以看出，马云通过《赢在中国》节目取得的这些收益是首屈一指的，是其他企业家嘉宾和参加节目的创业才俊所无法比拟的，他的做法总结成一句话就是：巧妙地利用《赢在中国》这个舞台，不花分文，成功地实现了其品牌的推广和扩张，让阿里巴巴再次成为万众瞩目的焦点。毫无疑问，马云是善用媒体营销吸引公众眼球、制造营销奇迹的商业典范。

毫不夸张地说，有马云这样一位营销大师来运作阿里巴巴，阿里巴巴的品牌影响力和知名度想不提高都难。

 森舟心得

在各种传媒日益兴盛的当下社会，创业者决不能忽视与媒体的关系。媒体人脉是营销环节中最为重要的特殊资源，创业者要学会与媒体打交道，更要与媒体建立互惠双赢的和谐关系，这对于创业成功有着极大的助益。

事件营销：善于炒作，使自己成为舆论焦点

五年来我什么书也没看，就看了一点金庸武侠。我们公司招聘过程中有一个特别有意思的现象，只要对方对金庸的书感兴趣，八成的人都给录取了。我是外练一层皮，内练一口气。皮就是厚脸皮。别人怎样骂你，你也要厚着脸皮不理会。气就是理。有那么多聪明人加入公司，就像桃谷六仙把真气注入令狐冲体内，怎样才能把六道真气收为己用？这就是练气。

——马云

事件营销是近年来国内外十分流行的一种公关传播与市场推广手段，集新闻效应、广告效应、公共关系、形象传播、客户关系于一体，并为新产品推介、品牌展示创造机会，建立品牌识别和品牌定位，形成一种快速提升品牌知名度与美誉度的营销手段。

2016年11月19~20日，由我牵头发起的"2016微商大咖巅峰论坛"在深圳文博宫圆满落下了帷幕，在当时这是微商行业第一个以个人名义成功举办的千人峰会。对于这次事件营销，众多媒体都纷纷予以点赞，认为"双表肖森舟"创造了行业的奇迹佳话。

作为唯一受马云三度接见的微商实战导师第一人，很多人都是对我慕名而来。两天一夜论坛，很多人还没到场，我就开始了忙碌，不厌其烦地与每一个排队合影的人完成"肖氏九连拍"，活动结束后还一直接待参会者咨询服务到凌

晨5点，将这次事件营销做到有始有终，尽善尽美。

在舞台上，除了给大家现场演绎如何营销造势，我更是毫无保留地把《自我营销六脉神剑》独门秘诀分享，赢得全场好评打赏不断。参会者在现场媒体区接受采访的时候纷纷为我点赞，有人感慨：这是我参加过的所有微商活动中，唯一一个真正讲微商干货课程的论坛，这是一个真正的学习论坛，我们不虚此行。

这次微商大咖巅峰论坛深圳站获得了参会者的一致好评，呼声高涨，许多人都在现场询问我什么时候举行下一站论坛。

在这个大传播的时代，需要有大创意。品牌需要创意，传播也需要创意，而在众多的传播手段中，能很好将"效果与创意"充分结合的就是事件营销了。与广告和其他传播活动相比，事件营销能够以最快的速度，在最短的时间内创造最大化的影响力。

说到事件营销，马云也是当之无愧的高手，早在阿里巴巴成立之初，他就通过"西湖论剑"这一事件营销，成功地提升了阿里巴巴品牌的影响力和自身作为互联网企业家的号召力。

2000年9月10日，第一届"西湖论剑"成功创办，除了金庸、马云及其他四位网络新贵外，加拿大驻华外使、英国驻沪总领事以及五十多家跨国公司的在华代表也前来参与，同时还有不请自到的上百名记者和六百多名各行各业的观众。

第一届"西湖论剑"的主题是"新千年、新经济、新网侠"。其中，"网侠"这个新概念是马云率先提出的，在他看来，把网络与江湖扯到一起，让中国网络江湖化，那真正的网络英雄便可笑傲江湖。

活动中，五位网络新贵以武侠入题，各抒己见。

新浪王志东说："我经常做一种对比，我说如果用金庸老先生的手法来写一下中国的IT产业，肯定写得特别过瘾。"

搜狐张朝阳说："从我做起，今天做起，刻苦学习金庸著作。"

网易丁磊说："我走到今天，可能在小说当中只能比喻说有一定的功力，剩下30年人生其实有很多的机会去寻找武林秘籍。"

8848王峻涛说:"金庸大侠告诉我们,第一,做人要有侠气。"

而马云则说:"五年来我什么书也没看,就看了一点金庸武侠。我们公司招聘过程中有一个特别有意思的现象,只要对方对金庸的书感兴趣,八成的人都给录取了。我是外练一层皮,内练一口气。皮就是厚脸皮。别人怎样骂你,你也要厚着脸皮不理会。气就是理。有那么多聪明人加入公司,就像桃谷六仙把真气注入令狐冲体内,怎样才能把六道真气收为己用?这就是练气。"

而对于举办这次活动的原因,马云坦言:"2000年,中国互联网喜忧参半。新浪、搜狐、网易在纳斯达克上市了。但由于市场的波动,也有人对互联网的作用产生了怀疑。在这个时候,我们有责任说说我们对网络现状和前景的看法。"

对于活动究竟要达到什么结果,马云认为"我们五个人能坐在一起,开诚布公地与公众交流我们这几个月来的思考,给网络产业增加信心,就是最大的成功。"显然,马云一副"带头大哥"本色。

阿里巴巴以一个当时名不见经传的小网络公司的名义,成功地邀请到了中国当时最著名的网络人——王志东、张朝阳、丁磊、王峻涛和著名作家金庸,第一次以自己的身份吸引了来自全中国的目光。

第一届"西湖论剑"之前,王志东、张朝阳和丁磊,被人们称为中国网络的"三剑侠",马云的名声远不及这三位,阿里巴巴的名声也远不及新浪、搜狐和网易。即使同王峻涛相比,也有所欠缺。第一次西湖论剑之前,三大门户网站、三大掌门人的说法是有的,王峻涛则有赶超之趋势。而西湖论剑之后,五大网站和五大掌门人的称谓自然而然被业界和社会接受。

由此可见,"西湖论剑"对阿里巴巴品牌的提升以及马云自身号召力的提高都有着巨大影响,也证明了马云这一次的"事件营销"取得了巨大成功。

在各种营销方式中,"事件营销"被认为是最能引起人们共鸣,最具传播价值的。特别在移动互联网时代,借助移动互联网传播手段,事件营销更是如虎添翼,具备"四两拨千斤"的实力,因此备受创业者推崇。通过多年的营销实战，我总结了事件营销的四个关键点，下面分享给大家：

关键点一：抓准事件营销的传播点

选择事件营销，那首先就要抓准该事件中能够吸引人们关注、评论和转发的传播点，例如人们关注的新闻、喜欢的明星、感兴趣的趣事等，需要注意的是，事件里的传播点要尽量多一些，如此，受众的范围才会广一些。

关键点二：重视事件营销的场景

所有事件营销，发生的场景都非常重要，它通常是事件与植入品牌相关联的重要节点，一方面它能让事件呈现得更加逼真，另一方面也让事件置于一个更有利于受众接触的环境中，利于后续的事件炒作。例如马云的"西湖论剑"和我的"2016微商大咖巅峰论坛"，其场景一个是西湖，一个是深圳文博宫，都有很强的文化意义，有利于品牌的植入和进一步传播。

关键点三：选择好传播渠道

事件营销能否成功，传播渠道是关键。微信、微博、今日头条、天涯论坛……网络中有很多途径可以传播信息，但并不是每一个渠道都适合引爆事件，往往关键渠道的曝光才是事件最大化引爆的关键。

关键点四：注意舆论导向

事件营销既可以在很短时间内为企业带来巨大的关注度，也可能因为舆论导向把控不到位，起到相反的作用，给企业带来负面的口碑，可以说是一把双刃剑。所以，在进行事件营销时，必须24小时注意舆论导向，一旦出现不良舆论导向，要及时采取措施，将舆论引向对品牌或产品有利的方向发展。

森舟心得

事件营销是企业营销的一个重要方法和途径，创业者要想做好营销，就要不断地积累经验，善于思考，多注意观察身边的大小事件，并尝试去制造事件来达到营销效果，如此，创业就能事半功倍。

| 第九章 |

永远将客户放在第一位
马云教给我的创业客户课

马云说：我始终坚持客户至上的准则，因为我相信这是真理，是正确的，阿里巴巴也是这么做的。但这并不意味着我会将员工放在一个很低的位置，不重视他们，对我来说，员工与我自己没有什么区别，我们所做的都是通过与客户的合作来获取更大的利润，在这个方向上，我们的目标是一致的，既然目标一致，那么将客户放在第一位又有什么问题呢？

客户第一：客户才是你的衣食父母

最后赢一定是赢在客户上面。

——马云

日本丰田公司是闻名世界的大企业。有一次，在芝加哥的一个大雨天，路上一辆丰田牌汽车的雨刮器突然坏了，司机傻在那里，不知道怎么办。突然从雨中冲出一个老人，趴到车上去修雨刮器。司机问他是谁，他说他是丰田公司的退休工人，看见他们公司的产品坏在这边，他觉得有义务把它修好！

丰田员工提供给客户的服务令我惊叹。的确，企业的财富源于客户，任何一家企业，离开了客户，都无法生存。对于一个创业公司来讲，只要它拥有足够多的客户，它就一定会从竞争中迅速突围而出。而对于公司的员工来说，只有全心全意为客户着想，将客户放在第一位，为客户创造最大的利润，才是对自己工作最负责的做法。

美国通用电气公司（GE）的口号是："立足于客户，服务于客户（At the customer，For the customer）。"他们考核员工的依据就是：你最近为客户做了什么？阿里巴巴的COO关明生就曾在GE工作了15年，所以，他对GE客户至上的经营理念有着很深的认识。来到阿里巴巴后，正是在他的帮助下，马云和阿里巴巴才提炼出来众所周知的"六脉神剑"。

"客户第一"是阿里巴巴"六脉神剑"的第一支，它的内容有：客户是衣食父母；无论何种状况，微笑面对客户，始终体现尊重和诚意；在坚持原则的基础上，用客户喜欢的方式对待客户；站在客户的立场思考问题，最终达到甚至超越客户期望；平衡好客户需求和公司利益，寻求双赢；关注客户需求，提供建议和资讯，帮助客户成长。

马云同样认为，股东只是娘舅，客户才是父母。在他看来，对于阿里巴巴这样一个服务公司，客户不仅是衣食父母，而且是决定其生死命运的第一因素。

"最后赢一定是赢在客户上面。"这是马云的名言。反映在用人上，马云考核员工的最主要的标准就是是否将客户放在第一位。

马云曾这样告诫自己的员工：

"客户第一"这个想法请大家要记住。几乎所有的公司都是这么讲的，但未必所有公司都这么做，包括阿里巴巴也这样。今天阿里巴巴的员工已经达到2500名，我们不能保证每个员工都能够把客户利益放在第一位，但是我们训练的时候就必须要这样。我们觉得什么是最好的销售人员这个也值得跟大家分享。所有阿里巴巴的销售人员必须回杭州总部，进行为期一个月的学习、训练，主要的学习训练不是销售技能，学习的是价值观、使命感。我跟他们都讲过这个道理，我说一个销售员脑子里面想的都是钱的时候，这个眼睛是美元，这个眼睛是港币，讲话全是人民币。

脑子里想的都是钱的时候你连写字楼都进不去，你发现写字楼里面很多条子写什么？谢绝销售。而且销售人员绝大部分都穿得差不多的。保安马上能够给你领出去，因为你脑子里想的都是如何赚别人的钱，如果你觉得我这个产品是帮助客户成功，帮助别人成功，这个产品对别人有用，那你的自信心会很强。绝大多数做生意的人想人家口袋里面5块钱，看到张三口袋里面5块钱他想怎么把这个钱弄到我口袋里面。几乎所有人都这么想，而你希望成就一个伟大企业，希望企业做成像海尔、海信，像GE、IBM、微软这样的企业，你要想的是如何用我的产品帮助客户将口袋里面5块钱变成四五十块钱，然后从多出来的钱里面拿到我要的四五块钱。

当然很多企业说归说，做归做，阿里巴巴也说，这有很多阿里巴巴的客户经理在山东的，我们有一个铁的纪律，就是说如果违背这一条，不管他是谁，他都得离开这个公司。我们在这个方面开除过好几个员工，那时候我们一个月的营业额最多也就十几万，我记得我们开除过一个业务员，他那个月营业额八万块钱，但还是开除他，没有办法。我们说你业绩可以不好，但是违背价值观是一定要被开掉的，不管他是谁，这是一个"天条"。

"客户第一"的理念不仅是马云和阿里巴巴的营销之道，也是阿里巴巴的用人标准，是阿里巴巴的企业文化和价值观所在。没有这个理念的，不管是谁，阿里巴巴都不会用；违背了这个理念的，不管是谁，都得离开这个公司。

在阿里巴巴内部，刚来的新人往往会听到这样一个广为传播的个案：

阿里巴巴有一个业务员将山东一个三线城市的房地产商发展为中国供应商。尽管这给阿里巴巴带来了6位数的收入，但阿里巴巴仍然把钱退给客户，并对员工进行了处理。这是为什么呢？就是这个员工触犯了"客户第一"这个"天条"。阿里巴巴B2B总裁卫哲的分析很有道理："为什么说把客户利益放在第一位？如果按照股东的利益这个钱该收。但是，按照客户利益第一的原则，阿里巴巴这样做就是在欺骗客户！阿里巴巴根本就无法把房子卖到全世界。这显然是业务员夸大了阿里巴巴的能力。"

作为创业者，我们应该向马云和阿里巴巴学习，在自己的脑子里不断强化"客户第一"的认识，只有这样，才能在竞争激烈的商业社会求得生存的可能，毕竟，离开了客户或者消费者认可，那么，无论你在别的方面做得有多好，都只是无用功，都不可能取得创业的成功。

 森舟心得

公司的财富源于客户，任何一家公司，离开了客户，都无法生存。对于创业者来讲，只要拥有足够多的客户，你就一定会成为所从事行业的大赢家。

高效沟通：沟通是维护客户关系的基础

> 创业者首先要跟客户沟通，跟自己沟通。
>
> ——马云

马云在阿里巴巴内部提出了"客户第一"的企业价值观。那么，具体如何才能做到"客户第一"呢？关键还在于高效沟通。马云认为，只有多和客户进行高效沟通，与客户互动，才能彼此深入了解，才能形成紧密的合作关系。

事实上，不仅是马云和阿里巴巴，与客户进行高效沟通一直都是所有成功企业维护客户关系的基础。许多时候，你感觉自己已经做得很好了，为什么客户还会鸡蛋里挑骨头，不断找问题？你一直想办法讨好客户，为什么对方却始终不领情，就是不愿意买单？你竭尽全力给予客户最好的产品和服务，为什么对方却始终无动于衷？到底是哪个地方引起了客户的不满？

假如直接从客户的需求来说，导致客户不满的原因一般都在于服务期望与服务获得之间的严重失衡，比如，客户想要获得更好的服务，而且对此拥有很高的期待，可企业或商家仅仅只能提供一部分服务，或者没有针对性地提供服务，或者提供一些质量不高的服务。这时，客户心里就会产生一种落差，就会感觉到自己没有受到应有的尊重，自然就会表达不满。

无论是什么样的企业，卖给客户一些不需要、不喜欢的产品或者服务，自然会吃力不讨好。所以，不要总是觉得将产品或技术卖给客户就万事大吉了，关键还是要提高服务质量。而提高服务质量的前提就是沟通，企业经常与客户进行沟通，才能向客户灌输双方长远合作的意义，描绘合作的远景，才能了解客户的需求，在沟通中加深与客户的感情，稳定客户关系，从而使客户重复购买次数增多。如果企业与客户缺少沟通，那么好不容易建立起来的客户关系，可能会因为一些不必要的误会没有得到及时消除而土崩瓦解。因此，企业要及时、主动地与客户保持沟通，并且要建立顺畅的沟通渠道，这样才能维护好客户关系，才能赢得大批稳定的客户。

阿里巴巴的客户培训资料明确提到了一些沟通的基本原则。

首先，要在沟通之前主动且充分地了解客户的需求与期望，设计合适的服务以及衡量标准，然后再制订科学合理的合作方案，方案必须是合理的、完整的、实际的、双赢的，如此，在沟通时，才会有足够的说服力。华为人在见客户之前，往往会设计一套相对合理的服务方案与合作方案，以避免在沟通时显得被动、冒失和突兀，而且此举也能充分体现出华为公司对客户的尊重和重视。

其次，在沟通时，一定要注意言行举止的细节以及沟通技巧。比如，阿里巴巴培训资料中明确指出，当客户打来电话的时候，要尽量在响铃三次之内接听电话，时间拖得太久，就会让客户觉得你不想接电话或者不着急接电话；与客户见面时，穿着要得体，举止要端正，说话时要不卑不亢，语速适中；与客户交谈时，可以先说一些轻松愉快的话题，拉近与客户之间的联系，然后再逐步深入。

在话题展开之后，就要进行针对性的交谈，交谈的方向和目的都要明确；始终将谈话的重点放在客户身上，要尽力让客户了解到自己所能获得的利益，而且这种利益最好是具体的；认真倾听，通过倾听来掌握客户的相关信息，假如觉得客户提出的要求不合理，不要直接拒绝，而应该委婉地表示，考虑之后再给出答案，或者请求上级的指示；说话时，态度要真诚，不要敷衍、迷惑和欺骗客户；尊重客户做出的任何选择，特别是出现分歧或者客户提出异议时，要先耐心倾听客户的真实想法，而不是急于反驳；对于一些重要的老客户来说，应该主动让利，以维护和提升他们对企业品牌的忠诚度。

沟通的方式并不只是说话，科学研究表明，人类获取信息83%来自视觉，只有11%是通过听觉，所以，在沟通的过程中，要想让客户更好地接受自己的产品或者服务，最好的方式就是让客户眼见为实，甚至是亲身体验。

再次，做好售后服务的沟通工作。将技术、产品卖给客户并不意味着万事大吉，因为售后服务以及后续合作的需要，企业还要及时接收客户的反馈信息。在这个过程中，重点应该是了解客户是否满意，是否有继续合作的意向；假如客户对产品质量或服务有不满的地方，就应该虚心接受客户的投诉，对于客户的一些抱怨和指责也要虚心接受，并及时道歉，在符合规定的情况下，还要给予客户一定的补偿。此外，一定要告诉客户企业在产品质量和服务改进上所做的努力，并向客户许诺会努力解决相关问题，直到客户满意为止。

在售后服务的沟通工作上，阿里巴巴做得也很好，而且拥有高效的信息反馈机制，客户一旦有什么反馈，第一时间就会被通报到公司总部，再由总部通告研发部门，而这也是阿里巴巴的各项产品越来越受客户欢迎的原因。

除以上几点之外，阿里巴巴的客户培训资料还指出，沟通是一种日常的交流方式，是相互满足需求、相互增强联系的主要方式，所以，与客户的沟通应该普及化、日常化。也就是说，阿里人不会等到有合作、有需求的时候才想起要与客户进行沟通，而是在平时就十分重视与客户进行交流，比如，周末问候一两句，节假日赠送一些礼物，通过日常联络来强化与客户的感情。

阿里巴巴与客户的沟通方式很成功，我认为值得所有创业者进行学习。不过，因为每个人的性格特点不同，面对的客户也各不相同，所以，在沟通的时候也要视具体情况而定，要具体问题具体分析。

但是，无论如何，"客户第一"的沟通态度始终都是不变的。服务的核心理念就是加强与客户的沟通，通过沟通来赢得客户的信任与支持。瑞典卡尔斯泰德大学服务研究中心的教授安德斯·古斯塔夫松说："今天的经济社会比以往任何一个时代，都要更加以服务为导向。"**这种"以服务为导向"的风格实质上就是一种"客户第一"的管理、经营与发展理念。**

森舟心得

沟通是客户管理的关键，如果把客户管理的责任列一张清单，几乎没有一项对企业的作用能比得上高效沟通。

重视服务：卖产品永远都不如卖服务

服务是全世界最贵的产品。

——马云

最能打动客户心的不仅仅是一种好的产品，更是能否给客户提供人性化的服务。因为，只有人性化的服务才能最大程度满足客户的情感需求。

阿里巴巴成立初期，做客服的员工是最辛苦的，他们每人当时都有一个个人邮箱，也都有一个化名，所有给客户的邮件都是通过个人邮箱发出的。阿里巴巴创立伊始，就坚持与客户一对一地在线沟通，用人沟通而不是用机器，也就是说全靠客服。蚂蚁金服董事长、阿里巴巴"创业十八罗汉"之一的彭蕾说："那时的客服都是即时的。大家做客服做到了痴迷的程度，工作到半夜一两点，客户的信没有处理完就不回去。有时客户半夜两点收到邮件，很吃惊，问我们：是不是时间有问题？我们说：没有啊，我们都在线啊。客户非常感动。"显然，阿里巴巴是从一开始就坚持客户第一，强调服务第一，是靠人性化的服务争取客户的。事实上，那时阿里巴巴很多新客户，都是被阿里巴巴的服务所打动的。

对此，我的感悟是，服务的最高境界是让顾客感到被尊重和重视，感到一种人性化的关怀。在最开始做淘宝店的时候，为了稳定客户，我主要做了这么几件事情。首先把老客户的信息归类整理，把喜欢传统浓香的或者是清香茶叶的朋友予以分类，把他们喜欢的口感记下来，在空闲的时候和客户聊一聊茶叶的品尝口感。我还印刷了一本讲述茶叶知识的小册子，赠送给客户，目前已经赠送6000册了，里面有茶叶的介绍，一目了然。建立了顾客档案以后，老客户再光临，我一查记录就知道了以前他们买过的茶叶，可以再次介绍一些同系列的新茶叶给他们，让老顾客有一种回家的温馨感觉。正是因为给客户提供了一系列远远优于其他同类卖家的人性化服务，森舟茶叶才能迅速在淘宝站稳脚跟，并逐渐打开了局面，迅速做大做强。

只有人性化的东西才能真正打动人。在经营中为客户提供人性化的服务，是吸引客户、留住客户、提高客户忠诚度的重要方法。

所谓人性化服务，就是指服务要以人为本，给客户以人文关怀，尽可能地给客户提供满足其人性需求的各种优质服务，从而有效地提高客户对服务的满意度，最终达到促进销售的目的。

下面，我们来看一个案例：

泰国的东方饭店是世界十大饭店之一，几乎天天都是顾客盈门，如果不提前一个月预定的话，是很难入住的。东方饭店是靠什么赢得客户青睐的呢？靠的就是极致的人性化服务。

企业家Y先生到泰国出差，入住于东方饭店，这是他第二次入住这家饭店。

一天早晨，Y先生走出房门，正准备去餐厅用餐，这时，楼层服务生走上前来，恭敬地问道："Y先生，您是准备用早餐吗？"Y先生很好奇，问道："你是怎么知道我姓Y的？"服务生微笑着回答："我们饭店有规定，晚上要背下所有入住客人的姓名。"这令Y先生极为吃惊，他经常出国，入住过的高级酒店数不胜数，可还是第一次碰到这种情况。

Y先生心情愉快地乘电梯下至餐厅所在楼层，刚走出电梯，餐厅服务生便迎上前来："Y先生，里面请。"Y先生再次感到好奇，又问道："你是怎么知道我姓Y的？"服务生微笑答道："我刚接到楼层服务电话，说您已经下楼了。"

走进餐厅后，服务小姐殷勤地问："Y先生还要坐老位子吗？"Y先生更加吃惊，心中暗忖："自己上一次在这里吃饭已经有一年多了，这里的服务小姐怎么还记得？"服务小姐主动解释："我之前查过记录，您是去年X月X日在靠近第二个窗口的位子上吃的早餐。"Y先生听后忍不住有些感动，忙说："对，还是老位子！"于是服务小姐接着问："还是老菜单吗？一个鸡蛋，一个三明治，一杯咖啡？"此时，Y先生已经非常感动了，回答道："老菜单，就要老菜单！"

给Y先生上菜时，服务生每次说话时都会退后两步，生怕自己说话时将唾沫溅到食物上，这种对细节的重视，Y先生在欧美最好的饭店里都没遇到过。

一顿早餐，就这样给Y先生留下了难以磨灭的印象。

此后，因为事业重心调整，Y先生有三年多没有去过泰国，结果，在他过生日的那天，突然收到了一封东方饭店发来的贺卡，上面这样写道：尊敬的Y先生，您已经有三年的时间没有来过我们这里了，我们全体人员都很想念您，希望能再次见到您。今天是您的生日，祝您生日快乐。

Y先生当时就暗下决心，以后去泰国只去东方饭店，不仅如此，他还要说服自己的朋友也去这家饭店。

东方饭店的成功就是靠这种细致入微的人性化服务来实现的，这是其他很多著名饭店都没有做到的，因此，才使其得以跻身世界十大饭店之林。

那么，在创业活动中，具体应该怎样做才能为客户提供人性化服务呢？

1.主动给足客户面子

尽管客户不会主动要求给他面子，但是每个人都希望被尊重、被看重。假如能学会主动给足客户面子，就有助于建立良好的客户关系，对以后的工作来说也是大有裨益。

2.给客户提供更多方便

在提供服务时，应该细心地替客户着想，让客户感到更多的方便。比如，服务中要做到：能让客户只填一张单子就不要让客户填第二张单子；能让客户一次能办完的事不要让他跑两次；能让客户少花一点时间就少花一点时间；使用特殊的包装或袋子将不方便拿的产品包装起来，方便客户携带……

3.帮客户处理好每一个问题

客户在购买和使用产品过程中，可能会遇到一些自己不好解决或者无法解决的问题，比如不知道如何正确使用产品，不知道如何解决故障，不知道如何维护保养，这时，就要事先考虑周到，尽可能提前帮助客户解释清楚或处理好相关事宜。

4.在客户想到问题之前就解决好

要做到人性化的服务，真正打动客户的心，要尽可能地将问题在客户想到之前就解决好。比如，在客户需要某个文件之前就拿给他，在预测到客户会遇到什么困难时提前提供解决的办法，等等。要做到这一点，就需要细心观察、用心思考，及时捕捉客户的需求。

 森舟心得

为客户提供人性化服务，就是要了解客户的真正需求，抓住客户的心，把服务做到客户的心坎上。

处理抱怨：将抱怨当作另一个机会

根据市场去制定你的产品，关键是要倾听客户的声音。

——马云

对于一位创业者来说，做一个产品，关键在于这个产品是否能达到客户的要求。

你的产品一旦进入社会，就会有各种各样的声音传出来，赞美是一种，而抱怨更是最常见的一种。

马云认为，客户的抱怨是很严重的警告，所以，不可小看客户的抱怨。强调要理解客户的抱怨，在受到委屈的情况下，心胸宽广，以为客户解决问题为导向，而不是受到一些委屈便不高兴，不把客户需求放在心上。**另外，马云还认为，诚心诚意地去处理客户的抱怨，往往又是创造另一个机会的开始。**

由于我的创业项目是在淘宝开店，再加上创业初期基本是一个人包揽所有事务，所以，创业初期，我的一项主要工作内容就是回复客户的评论。因为我的茶叶质量好，价格公道，所以客户的评论大多是好评，但也有些抱怨和差评。对于客户的好评我固然感激，但对于抱怨和差评，也同样接纳。

举个例子来说，有位客户在写了差评后，留言抱怨道，他向我们店里购买的茶叶味道不正宗。对此，我没有丝毫麻痹大意，通过淘宝旺旺对他道歉，并和这位客户分析原因。起初，这位客户因为茶叶味道的问题显得不太高兴，但经过我诚心诚意的道歉和解释，并提供了合理的处理方案后，这位客户感到很满意，同时还主动将差评改为了好评，另外，又买了几斤上好的茶叶。

像这样以诚恳的态度去处理客户的抱怨，反而获得了一个销售机会。所以，我经常感谢那些对森舟茶叶提出抱怨的客户。借着客户的抱怨，我得以与客户间建立起另一种新的关系。把抱怨说出来的人，也许说句"再也不买那家的东西了"，就不再追究了。但是对于这些客户，我仍然十分热情，正是因为这一点，森舟茶叶才能在淘宝上取得令我自豪的成绩。

所以，我认为对创业者来说，将抱怨当作另一个机会的开始，这比不在意抱怨要来得重要。在收到客户抱怨甚至指责后，如果选择马马虎虎地去处理，那就很可能从此失去一个客户。因此，当你的产品或项目收到抱怨或指责时，首先应该想到"这正是一个获得客户的机会"，然后慎重地处理，找出客户不满的原因，诚心诚意地为客户服务。

1.耐心倾听并做好记录

为了使冲动的客户尽快平静下来，我们应热忱招呼客户诉说抱怨，自己耐心倾听，并把客户的意见记录下来。如此，可以使客户感受到他们的意见受到了重视，没有必要再继续抱怨。一份完整详尽的抱怨记录，能使自己更好地接近客户，了解客户的真实信息，并为下一步更妥善地处理抱怨提供参考依据。

2.尽量认同对方的看法并表示感谢

客户抱怨证明我们还是有些方面做得不尽如人意的。这样的话，就需要尽量认同客户的观点和看法，适当地对客户的意见表示肯定，并感谢客户提出的宝贵建议。这样客户就能感受到我们的真诚，才有兴趣进行下一个环节。不妨这样对客户解释："幸亏你的指点……你完全有理由不高兴……""您说的这个问题，我也有同感……""感谢你的提醒，我们一定会积极改进……"。这样的对话往往可以平息客户的怨气。

3.对不合理要求要智取不能硬碰

如果客户提出的是合理要求，要尽量满足；如果客户提出的是不合理的要求，当然要拒绝，但切记只能智取不能硬碰。应该回避直接讨论退、赔等问题，而是从分析入手，逐步明了双方的各自责任，剔除其中夸大的因素，最后提出双方都能接受的方案。

森舟心得

　　内心抵触抱怨和指责的声音，这对创业者尤其不利。创业者应该把自己的心胸打开，好听的声音要接受，不好听的应该当作良药。

第十章

生意越来越难做，
但越难做机会越大
马云教给我的创业机遇课

马云说：我们都在说生意越来越难做，我认为越难做越是机会，关键是眼光。生意难做的时候才能真正诞生了不起的企业和企业家，真正考验企业家的精神和毅力。

时刻准备：如果别人都做不到，那就是你的机会

> 　　幸运随时都会降临，但是如果你没有准备去迎接它，就可能失之交臂。
>
> 　　　　　　　　　　　　　　　　　　——马云

　　捕获机遇的愿望，人皆有之，但是在商业活动中，并不是每个创业者都能获得良好的机遇，这又是什么原因呢？

　　我认为，原因就在于对机遇两大特征的认识与掌握，机遇的两大特点：一、具有鲜明的瞬时性，即稍纵即逝；二是倾向性，它垂青"有准备的头脑"，在于对机遇是否有执着追求的精神。

　　马云的商业生涯非常成功，看上去是得到了幸运之神的垂青，但真相并没有看上去那么简单。马云一直有一个习惯，每天晚上一定要看半小时的书再睡觉，各个领域都要读。他回忆说："年轻时我表面谦虚，其实内心很'骄傲'。为什么会骄傲？因为当同事们去玩的时候，我在求学问，他们每天保持原状，而我自己的学问日渐增长。"在别人玩的时候，他一心求学问，时刻准备着，这也正是马云创业成功的一个秘籍。

　　犹太人有一句俗语："幸运之神会光顾世界上的每个人，但一旦发现这个人并没有做好迎接他的准备。他就会从大门走进去，从窗子飞出去。"成功的秘密在于，当机遇来临的时候，你已经做好了把握住它的准备。对于那些懒惰者来说，再好的机遇，也是一文不值；对于那些没有做好准备的人来说，再大

的机遇，也只会彰显他的无能和丑陋，使他变得荒唐可笑。

抓住市场机遇是一种能力，需要一定的天赋，如果创业者能勤于准备，时刻准备，那他就能更好地抓住机遇。下面我总结的几点创业者如何做好准备迎接机遇的建议，希望对创业者有所帮助。

1.做好机会记录

并不是每个机会都是值得开采的金矿，但列好清单，做好记录能提高你找到、抓住机遇的概率。这份清单中的机会也许会引导你发现新的机会，换句话说，你会发现一些相关的机会，但如果没有这个记录，你可能就会错过相关的机会。

如果哪个产品或服务不是你想的那样，把它记下来。同时记下你认为这个产品或服务应该是什么样子的。如果你的创业驱动力更大，就应该由此分析出你从这个产品或服务中学到了什么，哪些是你可以借鉴的。

2.了解别人发现的机会

创业者们总爱谈论他们发现的那些机会，这是本性，这很令人激动。但了解其他创业者是如何发现了他们的创业机会的，会让你的头脑对商业机遇更敏锐。

3.问问自己：你能把它变为现实吗？

把不可能变为可能好像应该是创业者们擅长的。但要让某件事成为现实，你要找到别人没想到的新方法。如果新方法中涉及产品或服务，那恭喜你，你找到了一个新机会。

不要放弃，不要说"这是不可能的"。你应该训练你的大脑让它条件反射似的问"怎样让它成为可能"。比如，你没钱买某件商品，你应该想的是"我怎样才能买得起"，而不是"我可买不起"。

在演绎把一件不可能的事变为可能的过程中，把你对问题的假设写下来，然后思考如何调整就可以忽略这些假设。

4.扩大视野，向外看

创业者习惯于解决问题，但他们经常把自己局限在解决商业问题上。把视野扩大一下，看看你的生活中有哪些要解决的问题。不是说让你用你常用的服务或产品，而是发现市场中的蓝海。

试着找一个人为你做所有事，包括修剪草坪、干洗衣服，甚至管理你的公司。有没有公司提供这些服务？他们的品质或价格有竞争力吗？如果没有，那你的机会来了。

5.超越你的力所能及

人们怕被别人看作狂妄之徒，总觉得去追逐那些自己难以做到的事有碍颜面。但创业者们知道，他们的事业就是建立在他们的不满足上，他们总想要得更多。所以，不妨"好高骛远"一些。**如果别人都做不到，那就是你的机会。**

 森舟心得

机遇是人人有份的，但它并不是无私地给予每一个人，机遇偏爱那些有准备的头脑，机遇只垂青那些懂得怎样追求它的人。

敏锐眼光：生意越难做机会越大，关键是眼光

> 成功者至少需要兼备两种品质：一是执着大胆的性格；二是
> 对市场准确敏锐的嗅觉。
>
> ——马云

敏锐眼光是创业的一个关键。你的眼光看到一个省，就做一个省的生意；看到全中国，做的就是全中国的生意；能看到全世界，就有机会做全世界的生意。你的眼光看到今天，就做今天的生意；而看到十年以后，就能做十年以后的生意。

我经常听到一些想创业的朋友这样抱怨："别人机遇好，我运气不好，没有机遇""我要是早几年做就好了，现在做什么都难了"。这都是误解。在如今的信息社会，机遇无处不在，就看你有没有识别它的眼光。比如，微商在最初出现的时候，很多人都认为不是正经生意，可最早做微商的人们如今早已成为百万富翁、千万富翁甚至亿万富翁了。

再举个具体的例子，修自行车是一个不起眼的小生意，自行车有一段时间也处于被淘汰的阶段，但是我的一位朋友却把它做成一个很好的创业项目。2016年，共享单车刚刚出现，这位朋友就敏锐地看到了其中的机会，并迅速招聘了一批修自行车的师傅，在上海开了一个自行车维修点，刚开始生意很惨淡，但随着2016年年底共享单车爆发，他很快就和几家共享单车企业达成合作，成功赚到了第一桶金。

再来看下面这个案例：

古川久好原本只是一家公司地位不高的小职员，平时的工作是为上司做一些文书工作。跑跑腿，整理整理报刊材料，工作很是辛苦，薪水也不高，他总琢磨着想个办法赚大钱。

有一天，他在报纸上发现了一篇介绍美国商店情况的专题报道，其中有段提到了自动售货机。

上面写道："现在美国各地都大量采用自动售货机来销售商品，这种售货机不需要有人看守。一天24小时可随时供应商品，而且在任何地方都可以营业。它给人们带来了方便。可以预料，随着时代的进步，这种新的售货方法会越来越普及，必将被广大的商业公司所采用，消费者也会很快地接受这种方式，前途一片光明。"

眼光敏锐的古川久好在这段报告中发现了商机，开始在这上面动脑筋，他想：日本现在还没有一家公司经营这个项目，将来也必然会迈入一个自动售货的时代。这项生意对于没有什么本钱的人最合适。我何不趁此机会走到别人前面，经营这项新行业。至于售货机销售的商品，应该是一些新奇的东西。

于是，他就向朋友和亲戚借钱购买自动售货机。他筹到了30万日元，这一笔钱对于一个小职员来说不是一个小数目。他一共购买了20台售货机，分别将它们设置在酒吧、剧院、车站等一些公共场所，把一些日用百货、饮料、酒类、报刊等放入自动售货机中，开始了他的事业。

古川久好的这一举措，果然给他带来了大量的财富。人们第一次见到公共场所的自动售货机，感到很新鲜，只需往里投入硬币，售货机就会自动打开，送出你需要的东西。

一般的，一台售货机只放入一种商品，顾客可按照需要从不同的售货机里买到不同的商品，非常方便。

古川久好的自动售货机第一个月就为他赚到了100万日元。他再把每个月赚的钱投资于售货机上，扩大经营的规模。5个月后，他不仅还清了所有借款，还净赚了2000万日元。

古川久好在公共场所设置自动售货机时，为顾客提供了方便，受到了欢迎。一些人看这一行很赚钱，也都跃跃欲试。他看在眼里，敏锐地意识到必须马上制造自动售货机。他自己投资成立工厂，研究制造"迷你型自动售货机"。这项产品外观特别娇小可爱，为市容平添了不少光彩。

古川久好的自动售货机上市后，市场反应极佳，立即以惊人之势畅销。他又因制造自动售货机而获得了更多的财富。

无数事实告诉我们，经商者要有敏锐的眼光，注重市场或大或小的信息收集、处理和利用，先于对手做出正确的判断和决策，才会使你在复杂激烈的市场竞争中找到立身之地。

时下，我国经济运行体制已经处于市场经济的成熟阶段。但长期以来形成的产品经济模式和官商经营作风，仍像幽灵一样纠缠着许多经营者，致使许多公司内部人员缺乏灵敏的市场触觉，不能把握变幻莫测的市场动态。决策时不知所以，准不了；决策之后又办事拖拉，不能准。有时由于公司的"婆婆"多，要左请示，右汇报，一个决策要经过没完没了的讨论研究和批准；也有一些创业者目光短浅，不肯吃眼前的小亏，这样往往错失良机。

所以说，创业不怕没有机会，就怕没有眼光，正如马云所说，"很多人输就输在，对于新兴事物，第一看不见，第二看不起，第三看不懂，第四来不及"。

森舟心得

　　商战是残酷的，客观上要求经营者对商情做出准确判断，抓住商机，更要求经营者是一位观察家。第一素质是经商眼光，这不仅表现在对市场风云变化的直觉上，还要体现在运筹帷幄的商战韬略中。

抵御诱惑：太多的机会容易导致犯错

一个公司在两种情况下最容易犯错，第一是有太多钱的时候，第二是面对太多机会的时候。

——马云

脚踏实地是创业者必备的一种品质。不能稳扎稳打地走好每一步，不能抵挡住机会的诱惑，就容易在机会中迷失自我。

"阿里巴巴走到现在不是马云一个人的功劳，而是90000名员工和中国经济高速增长导致。如果有人在书里写马云多厉害，拜托大家千万不要相信，做企业还是踏实点好。"这是马云的一段精彩语录。马云不仅是这样说的，也是这样做的。创业之初，马云就要求阿里巴巴员工有一种踏踏实实的创业精神。在创业的最初期，偏安于江南一隅的阿里巴巴，默默无闻，仿佛并不存在，在当时没有多少人知道杭州有这样一家电子商务公司。

而在当时，整个中国互联网的形势充满着喧嚣与骚动。让我们来看一份权威媒体当时的调查数据：1999年到2000年，中国互联网企业在报纸和电视这两种媒体的广告花费总和高达1.56亿元人民币，再加上电台以及杂志等其他媒介的广告费用，这个数字就接近了2亿元人民币。其中，当时最大的门户网站新浪网在1999年底、2000年初的几个季度里的广告投放量占电视广告投放总量的第一位。在报刊广告投放方面，当时著名的购物网站8848占全国所有网站投放总额的11%，占据排名第一的位置。除此之外，户外媒体也成为各大网络公司竞相投放广告的目标，在北京、上海、广州、深圳等大城市，户外灯箱广告中曝光率最高的就是新浪、网易、搜狐、中国人等互联网大站。

这份数据显示了互联网在当时无限风光的景象，在很多人看来，当时的互联网行业充满着赚钱的机会，所以很多人为此大把烧钱，可就在这些网站广告做得如火如荼的时候，马云和阿里巴巴却按兵不动，这与当时那些在京沪穗等繁华地区生存的大网站形成了强烈反差。

马云和阿里巴巴为什么蓄势不发、按兵不动？当时，他们在做什么呢？

马云对此的回答是："我们在闭门造车。1999年回到杭州以后，我们自己商量决定，6个月之内不主动对外宣传，一心一意把网站做好。"事实上，马云是希望阿里巴巴走一条与其他公司相反的道路，在其他人寻求用大量的广告吸引眼球时，自己踏踏实实地先做好企业，不断提高自己的实力，才有可能超越对手。

2002年底，互联网世界开始回暖。中国著名的网络公司如新浪、搜狐等相继实现赢利，而一些颇有市场前景的互联网项目也初露端倪，阿里巴巴的网商用户也已经超过400万家，马云开始面临新的诱惑。当时，几乎所有人都认为：阿里巴巴拥有那么多有价值的注册客户，具备了开拓任何领域的最佳条件。这个时候，是投资游戏、短信还是继续做电子商务是马云要做的重大决定。而马云最终的选择是——不改初衷，一条道走到黑。

后来，在一次演讲中，马云回忆说：

我相信，如果我当初投入游戏一定会赚钱，但是游戏不能改变中国，游戏不是我们的使命，不是我们想做的事情。在网络游戏领域，全世界最强大的国家是美国、日本和韩国，但他们没有鼓励自己国家的人玩游戏，中国无数家庭很快也开始阻止孩子玩游戏。

当时我觉得电子商务要5年以后才赚钱，所以这个决策非常难。那个时候，如果想赚钱，还可以进入短信领域。

谈起阿里巴巴的这种成长战略，马云颇有心得，他说：一个公司在两种情况下最容易犯错误，第一是有太多钱的时候，第二是面对太多机会的时候。一个CEO看到的不应该是机会，因为机会无处不在，一个CEO更应该看到灾难，并把灾难扼杀在摇篮里。

的确，马云从没有改变过方向，尽管他无数次面临各种机遇的诱惑，但他始终不改初衷。这一点也是我们众多年轻的创业者最需要学习的一点。

从个人的创业经历来说，经历过这么多年的摸爬滚打之后，我最大的一个体会就是不要做超出能力范围之外的事。我现在常常提醒自己，宁可错过一百个机会，也尽量不要犯一个错误。开始接触微商的时候，有很多当时的微商大咖都曾找上来要我做他们的项目，当然，其中也有好项目，但我们都没有动。因为最开始的时候我对微商并不太了解，毕竟之前接触很少，所以，即使是看上去再好的机会，我也不想轻易做决策。直到对微商有了系统和深入的了解后，我才真正开始进入微商。

在全面创业时代，机会其实是不缺少的，相比起来，抵御诱惑反而更加关键，纵观近十年来所有失败的企业，几乎都有一个共同的特点，就是没抵挡住诱惑，战线过长，最后才会出问题。所以，创业者在面对机会，尤其是太多机会的时候，一定要有谨慎的态度和清醒的认识，要能抵御机会的诱惑，然后才是对机会的利用。

森舟心得

真正优秀的创业者，他们不仅着眼于现在，更重要的是高瞻远瞩，看到更远的未来。面对各种机会的诱惑，他们懂得有所为有所不为。

敢于冒险：机遇伴随风险，胆量决定财富

> 我觉得做一件事，经历就是一种成功，你去冒险闯一闯，不行你还可以调头。但是如果你不做，就像晚上想千条路，早上起来走原路，一样的道理。
>
> ——马云

这个世界上的机遇分两种，一种是我们看到了别人没有看到的事，然后我们去做且成功了，也就是上文说的靠敏锐的眼光抓住机遇。另一种将别人不看好的事当作机遇，这是最常见的，也就是所谓的冒险。

在我看来，创业就是一项挑战，是一项本能的想战胜他人的挑战，是一项经过准备、要赢得胜利的挑战，是一项要如何去赢得胜利的挑战，从而显得生意场上人人具有强烈的竞争心态。如果一个人不愿冒险尝试停留在自己面前一闪即逝的机会，那么他永远只能拾到他人遗下的肉骨。过度谨慎与粗心大意、漫不经心同样糟糕，因为，人要做生意就离不开机会，过度谨慎就会失去机会，就会成为"安全赚钱"而实际上赚不到钱的人。

一旦看准，就大胆行动，这在如今是许多商界成功人士的经验之谈。冒险和出奇相依，出奇和制胜相伴，所以西方的谚语说："幸运喜欢光临勇敢的人。"许多先前是商界的人，现在常常失落于种种局限之中，面对着风险不敢冲刺。冒险是表现在人身上的一种勇气和魄力，危险中有机遇，危险中也有利益，倘要创立惊人战绩，就应敢于冒险。不冒险，怎么会有机会？如果冒险了

十次，六次成功，四次失败，你还是成功的。

下面给大家分享一个创业案例：

日本的大都不动产公司创始人渡边正雄曾经只是一个小商人，他发现不动产业是个很有前景的行业，便想去经营，可他一没资金，二没经险，做起来实在毫无把握。于是，他决定先去大藏不动产公司去工作，以便学习经验为自己创业打下基础。可大藏公司不愿接受他，无奈之下，他要求在大藏公司免薪工作一年，对于这样免费的劳动力，大藏公司考虑了一番后，接受了他。在之后的一年，渡边拼命工作，掌握了大量的信息和经验，工作水平也得到极大的提高，就在大藏公司高薪聘用他时，他却离开了。

离开大藏公司后，渡边想方设法筹得了一些资金，开始从事经营房地产生意，渡边认为，房地产是不动产中最具潜力的一行。

渡边免薪工作的行为，在很多人看起来好像并不算什么，但对于十分贫穷的渡边来说，却是冒着极大的风险的。

创业之初，有人向渡边推荐土地，那是一块有几百万平方米、价格便宜的土地，当时人迹罕至，没有道路，没有公共设施，但这块土地与天皇御用地邻近，能让人感觉好像与帝王生活在同一环境里，能提高个人的身份，满足自尊心。

但这块地向所有的地产公司推销过，没人愿意买。渡边倾力筹借资金，先付部分押金果断地把地买了下来。同行们都嘲笑他是傻瓜，亲戚朋友也为他的冒险担心。渡边毫不介意，而是紧紧地抓住这个机会不放。

战后的日本，经济迅速发展。人们的收入增加，大家逐步对城市的噪音和污染感到厌恶，向往大自然。渡边买下的这块山地充满了泥土的气息和宁静的景色，逐步有人感兴趣了。渡边趁机在报刊上大肆宣传那里的优美环境，招引一些富裕阶层前往订购别墅和果园。一些经营耕作的庄稼人，看到那里有民房出租和有耕地租用，便纷纷前来定居和从事蔬菜果树种植。

一年左右的时间，渡边就把这块几百万平方米的山地卖掉了八成，一下子使他赚到50亿日元。他利用赚来的钱投资修建道路，并将剩下的二成土地盖成一栋栋别墅。经过3年时间，那块山地变成了一个漂亮的别墅城市，渡边所赚的钱也达到了数百亿日元之多。

渡边在总结自己的成功经验时说："我之所以能成功，就是因为我敢于冒险。我在选择一个投资项目时，如果别人都说可行，这就不是机会——别人都能看见的机会不是机会。我每次选择的都是别人说不行的项目，只有别人还没有发现而你却发现的机会才是黄金机会，尽管这样做冒险，但不冒险就没有赢，只要有50%的希望就值得冒险。"

一个人，在创业起家时，在艰难跋涉的创业阶段，要干一番事业，尤其需要敢于冒风险，因为风险有时可以变成压力，压力变成动力，动力就变成了效益体现出来，现在人们把市场竞争比作战争，的确，竞争之地虽不闻战火硝烟，却也是风险满目之所。这里容不得怯弱者立足。你想取胜，绝对不能怯战，须有两军相逢勇者胜的胆识。不敢冒风险，不愿担当风险，就不会有成功，当然，并不见得什么风险都去冒。如果你想靠偷税漏税来聚敛财富，如果你想尔虞我诈盘剥他人，用这些见不得人的方式来求取钱财，去冒险，这是铤而走险，这样的"风险"最好不要去冒。

从某种意义上说，人们冒风险有多大，取得成功的机会也就有多大；人们冒风险有多少次，把握机遇的可能也就有多少次。从平凡走向杰出需要的是把握机遇，而机遇平等地送到大家面前时，有勇气和胆略者才能抓住它，走向成功。勇气和胆略意味着的就是去担当风险。

可以说，冒险就是勇气与机遇相结合。如果瞅不准机遇，或者不敢冒险，那么，要想获得成功难比登天。

森舟心得

只有智勇双全，精于计算，敢于冒险，才能获取最大利益。风险大，利润才大。

第十一章

创新创新再创新，
创新才是创业成功的唯一法宝
马云教给我的创业创新课

马云说：人人都喜欢谈创新，但其实创新是一种责任，一种担当，一种毅力，更是一种代价。创新者的第一能力是生存能力和抗击打力。

创新精神：创业者容易"死"，但创新不会死

不创新，不开发新产品，创业者就会如履薄冰，随时面临被淘汰的危险。

——马云

在当今的创业热潮下，不断有新的创业公司成立，同时，也不断有公司破产倒闭。创业，无疑是一项风险极大的事业。创业者如何在这场残酷的斗争中存活下来，而不仅仅是如泡沫一般，在阳光下晶莹剔透最终却是昙花一现呢？我认为，最大的一个秘诀就是拥有创新精神。

对于创新精神，马云有自己独特的看法，他认为：创新不是要打败对手、不是为更大的名利，而是为了社会、客户、明天。在马云的眼中，创新不是为对手竞争，而是跟明天竞争。真正的创新一定是基于使命感，这样才能持久地进行，才能形成创新精神。

为了激发员工的创新精神，马云还在阿里巴巴内部做过一个特殊规定：每个进入淘宝网工作的人员，无论胖瘦、高矮，都必须在3个月内学会靠墙倒立。男性需保持倒立姿势30秒才算过关，对女性的要求稍低些，10秒即可，否则只能走人。为什么要练习"倒立"呢？一是可以锻炼身体，不用任何器械，训练很方便；二是通过练习倒立，促使大家对任何一个问题都能够用另一种眼光来看待，养成"换位思考""多位思考""逆向思维"的习惯，培养创新精神。此后，"倒立"就成为阿里巴巴建立企业文化和培养创新精神的一个重要元素。

很长时间以来，中国的创业者考虑的都是如何实现资本的扩张和积累，而不是真正意义上的创新。而创业公司的"创"我认为很大程度上说的就是"创新"，没有创新谈何做大做强，没有创新，创业实则是无水之源、无本之木。

在今天的商场上，只有那些拥有创新精神，敢于开拓别人没有想到而又对社会有用的人才能够创业成功，才能够在残酷竞争中立于不败之地。

先来看一个创业案例：

克劳斯是天生的创业者，具有极强的创业精神，他说："我从小就讨厌从事一种普通的职业，因此一直没有工作。而我说过，其实我能做任何工作——甚至做冰激凌。"于是，这位哈佛大学商学院的佼佼者在刚入学不久后，就在宿舍里做起了冰激凌。不久，同校的两个伙伴科恩和希尔顿也加入了。于是，克劳斯卖掉大部分债券自己投资，并拿出他高中时挨家挨户上门推销净水器时挣的6万美元，和他们合伙开了家冰激凌公司。经过市场调查，克劳斯发现，冰激凌的口味已经20年没有变化，他敏锐地觉察到，这为他们创业提供了一个很好的空间。于是，他采纳了啤酒商萨缪尔·亚当斯的建议，使用啤酒酿造技术制作口味奇特的冰激凌。他还与当地的乳酪厂联系，由他们提供特制的奶酪。

口味的创新使这家小型的冰激凌公司很快吸引到了风险投资。结果新产品一上市就供不应求，甚至很快就成为一种饮食时尚，风行欧美及世界各地。

克劳斯谈到自己的成功时说："事业成功的最大秘诀就是创新。我们年轻人应该是一个行业中的创新者，而不是一成不变的制造者。因为年轻的本质特征就是新异和充满朝气。"

一个人创业能否成功，他的公司能否在市场上站稳脚跟，关键就看他是否具备创新精神。

按照我的理解，创新精神可以理解为个体从事创新活动所需的基本心理状态，主要包括创新意识和创新思维、创新技能和创新品质四个方面。

1.创新意识

创新意识是个体从事创新活动的主观意愿和态度。只有具有强烈的创新意识的人，才能产生强烈的创新欲望，树立创新目标，发挥创新潜力和才智。创新意识，主要应体现在尊重客观现实，善于理性思考，敢于怀疑、追求卓越等方面。

2.创新思维

创新思维是创造力的核心。这就是说，要加强对人进行创造性思维活动的教育，不断提高思维创新活动的诸方面能力，诸如思维发散能力、思维想象能力、思维逻辑能力和思维直觉灵感能力等。

3.创新技能

它反映为人的行为技巧、动作能力，属于创新活动的工作机制。它包括信息加工能力、工作能力、动手操作能力等。

4.创新品质

创新品质主要是指个体从事创新活动所表现出来的稳定的个性品质特征，它包括勇敢、独立性、好奇心、有毅力、富于挑战性、敢于质疑问难及一丝不苟等良好的个性品质特征。创新主体个性特点上的品质差异性在一定程度上决定着创新成就的大小，因此，创新品质的塑造是创新精神培养的重要环节。

 森舟心得

　　善于学习知识并敢于开拓创新的创业者往往拥有这样的特质：敢于突破自己的瓶颈，做到在创新中取胜。

创新能力：凡是优秀的创业者必离不开创新能力

　　创新在于成为你自己，创新在于你独特的思考，以及你执着地把它做出来。

——马云

　　创业有没有捷径可走？一般而言人们会否认，因为走捷径似乎代表着不切实际，代表着一种投机，而投机是很难长久的。然而不可否认的是，有些创业者的确比别人成功得快些和轻松些，他们似乎找到了通往成功之路的捷径，其实这种捷径便是思人所未思，见人所未见的创新能力。

　　经济学家熊彼得先生认为，企业家领导公司发展成功的原动力就是创新。他同时列举了企业家应当具备的能力：1.发现投资机会；2.获得所需的资源；3.展示新事业美丽的远景，说服有资本的人参与投资；4.组织这个公司；5.承担风险的胆识。

　　所有有志于发展的企业家，无不经历这个过程，无不具备这些能力。从这些能力可以看出，创新能力可体现为洞察力、预见力、想象力、判断力、决断力甚至行动力等。

　　马云就是一个不断在创新中求发展的人，阿里巴巴成立以来，马云的多次颠覆性创新也证明了这一点。

　　比如，刚创业时，马云的战略是"先做海外，再做国内"。阿里巴巴从1999年开始实行的战略是避开国内电子商务市场迅速进入国际市场，当时用的一句话叫作"避开甲A联赛直接进入世界杯"。从1999年到2001年，在中国市场阿里巴巴的名字并不响亮。在回顾早期的这个创业策略时，马云指出，这实际上就是"远攻近交"模式，或者说是"墙外开花墙内香"模式——先打开国际市场，再利用国际市场的影响力拉动国内市场。

再比如，众所周知的免费策略。1999年、2000年、2001年，阿里巴巴都是免费提供服务的。之后的淘宝也是这样，三年免费。毫不夸张地说，马云是把免费战略用到极致的商人，淘宝与eBay易趣的竞争之所以能胜出最重要的策略就是免费。

像这样的例子还有很多，像阿里钉钉、支付宝、蚂蚁金服等，其中都能体现出马云强大的创新能力。

洛克菲勒有句名言："如果你想成功，你应辟出新路，而不要沿着过去成功的老路走……即使你们把我身上的衣服剥得精光，一个子儿也不剩，然后把我扔在撒哈拉沙漠的中心地带，但只要有两个条件——给我一点时间，并且让一支商队从我身边经过，那要不了多久，我就会成为一个新的亿万富翁。"

洛克菲勒的这句话充满了豪情壮志，让人不禁动容，这无疑是做生意成功的一个根本素质，即绝地求发展，以创新做手段。天地间就无人能阻挡其锋芒，具有这种创新精神和素质的人必然无所畏惧。

那么，创业者应该如何发展自己的创新能力呢？我将其归纳为以下几点：

1.吸纳各种创意

创意是成功者求发展的最大能量或者说资源。有一位从事保险业的著名推销员对拿破仑·希尔说："我从来不让自己显得精明干练，但我是保险业中最好的一块海绵，我尽量吸收所有良好的创意。"

2.尝试变化

这是一个瞬息万变的世界，你要想求得更大的发展，就必须尝试着去变化。比如你完全没必要整天守着一条路线，你不妨换条路回家，换一家餐厅吃饭，或换个新的剧院，去交新的朋友，度过一个同以前完全不同的假期，或计划在这个周末做两件你从来都没做过的事。

如果你从事的是销售业，你可以试着去对生产、会计、财务等发生兴趣，这样可以扩展你的能力，为你以后更好的发展打下坚实的基础。

3.积极进取

悲观的人永远都不会成为成功者，成功者总是充满信心面对未来的发展。

4.以更高的标准要求自己

成功者在追求发展的过程中，都会为自己不断地设定更高的标准，不断寻找更有效的方法，或者降低成本以增加效益，或者用比较少的精力做更多的事情。"最大的成功"永远属于那些认为自己能把事情做得更好的人。

通用电器公司有一个口号，是这样激励他们员工的：进步是公司最重要的一项产品。

5.善于学习

成功者为求得更大的发展，总是在孜孜不倦地学习。学习有很多渠道，这里重点说说向别人学习以提升自己的创造力。

你的耳朵就是你自己的接收频道，它为你接收很多资料，然后转变成创造力。我们当然不会从自己说的话里有什么收获，但是却能从"提问题"和"听"中学到不少东西。

6.善于把握良机

成功者不会放弃任何一个发展良机，哪怕这个机会只是偶然的一个灵感，他们都会用发展的眼光对待它。

7.激发灵感

成功者永远都不会满足自己目前的成就，他们擅长以各种方法激发自己的灵感。

森舟心得

凡是优秀的创业者必离不开创新能力，而创新能力的形成需要你对传统进行挑战，打破牢笼，发挥自己的主观能动性。

打破常规：与众不同不是做出来的，而是一种本能

与众不同不是我做出来的，而是我的本能。

——马云

1999年2月，马云参加在新加坡举行的亚洲电子商务大会。参加大会的人80%是欧美人，用的也是欧美电子商务的例子和理论。马云忍不住站了起来："亚洲电子商务步入了一个误区。亚洲是亚洲，美国是美国，现在的电子商务全是美国模式，亚洲应该有自己独特的模式。"

这印证了马云曾说的一句话："与众不同不是我做出来的，而是我的本能。"

马云如何保持对一个电子商务多平台王国的控制力？B2B业务、淘宝、支付宝、阿里金融，还有未来的阿里物流。从业务挑战来看，每一块业务都存在巨大变数，新兴模式、强劲的对手层出不穷；就与社会的关系而言，每一块业务都与中国社会、法规有着复杂交集甚至摩擦。

就是这种敢于不断创新的精神和意志，成就了马云的成功。

但凡提到马云的人，都必定要强调他那外星人似的外表，以及他敢于创造奇迹的个人魅力。马云在创建阿里巴巴时，想"让天下没有难做的生意"；创建淘宝时，口号是"让天下没有淘不到的宝贝"；创办阿里软件时，口号又变成了"让天下没有难管的生意"。

也许从一开始，马云的骨子里就埋下了与众不同的种子。

　　做到与众不同，才能在众人的深刻印象中脱颖而出，这也是我一直坚信的一点。我在淘宝网开的茶叶店，用了不到一年时间就获得"中国十大网商20强"的荣誉。取得如此傲人的成绩，正是"与众不同"的功劳。当初，网店刚开时，我就设立了一个"一元特价区"，一泡茶（7克）一元，顾客只需要付邮费就可以免费试喝，茶好喝再付款，不好喝就不要钱。这样与众不同的创新方式见效很快，很多顾客都对我的茶叶网店留下深刻的印象，订单自然也就源源不断。

　　多数人认定的规矩即为常规，然而，能够赢得精彩人生、创造辉煌事业的人，仅仅是一小部分人。曾经有一位社会学者在经过调查后得出结论：凡是能够打破常规的人，基本上无一例外都获得了成功。

　　在大自然中，有一种奇怪的虫子，叫列队毛毛虫。这些毛毛虫从卵里孵化出来之后，就成群集结在一起生活。在外出觅食时，它们通常由一只队长带头，其他毛毛虫用头顶着前一只伙伴的屁股，一只贴着一只排成一列或两列前进，这个队伍的最高纪录是600只。为预防自己不小心跟丢了，它们还会一面爬一面吐丝。等到吃饱了叶子，它们会排好队原路返回。

　　法国昆虫学家法布尔曾经仔细研究过这些毛毛虫。他先是把队长拿走，但后边的一只毛毛虫会迅速补上，继续前行；他又把它们的丝路切断，虽然会暂时会把它们分开，但后边的列队会到处闻，到处找，只要追上前边，马上就会合二为一。

　　在法布尔所做的实验中，最有意思的是引诱毛毛虫走上一个花盆的边缘。毛毛虫一走上去就沿着边缘前进，一面走一面吐丝。令法布尔惊讶的是，这群执着的毛毛虫当天在花盆边缘一直走到精疲力竭才停下来，其间曾经稍作休息，但是没吃也没喝，连续走了十多个小时。

　　第二天，守纪律的毛毛虫队列丝毫不乱，依然在花盆边缘上转圈，没头没脑地跟着前边的走。第三天、第四天……一直走了一个星期，看得法布尔都不忍心了。终于到了第八天，有一只毛毛虫掉了下来，意外地突破困境，这一群毛毛虫才重返家园。

毛毛虫的错误在于，在一个封闭的思维模式里，它们失去了自己的判断，盲目跟从，进入了一个循环的怪圈。其实，人在有些时候又何尝不是如此呢？

真正的成功者从来都不是一个向陈规陋习屈服的人。正是因为他们的出类拔萃，才能够使其打破常规，标新立异，在茫茫人海中脱颖而出，以其独特的个性才能，获得最后的胜利。

来看一个MBA课程中的经典案例：

很多年前，一位教师在哈佛大学医学院的一次变革会议上愤怒地说："我实在想不通，我们为什么要改变学院现有的管理模式？要知道，我们的学院在这种模式下已经80年了，一直运作良好。"

"让我来回答你这个问题吧，"会议主持者、年轻的校长查尔斯·威廉·埃利奥特说道，"因为现在的校长是我。"

当时，这位刚刚走马上任的校长只有35岁，对那些仅仅是因为古老或者因为已成定规而一直遵行至今的陈规旧律，并不感到敬畏，决心将其变革。对于如何管理这所大学，他有自己独到的见解，他也有勇气、有能力去推倒这些陈腐的观念。

哈佛大学医学院传统的教育体制确实扎根很深，但年轻的埃利奥特毫不畏惧，凭借着自己非凡的才干，勇敢地进行变革。在他的英明领导下，到他任期满了的时候，这个原本只有400名学生的小学院，正式成为拥有6000多名学生、众多优秀教师的世界上著名的、有前途的学府之一。

这个世界上每天都有很多创业者在碰壁，他们都在用千篇一律的常规方式，其实一点小小的改进，一种与众不同的方式就会给自己带来好运气。柏文生物原先是一家化妆品代工厂，现在他们不再拘于旧的代加工模式，而是不断地为客户创造惊喜，主动地让客户的产品富有意义——为客户提供从市场调研、概念策划、配方研发、包装材料甄选、设计打样、质检备案、素材制作等所有环节的专业化服务。这一点小小的改进，这与众不同的方式，其实就是可贵的创新。所以，敢于创新，就要有打破常规的勇气，敢于与众不同。

森舟心得

　　束缚创造力的关键是常规，如果我们能够打破常规，突破那些条条框框的束缚，成功的大门就会向我们敞开，否则我们永远都无法看到成功的曙光。

群策群力：在公司中大力提倡创新

阿里巴巴网站也不是我马云想出来的，是九千员工点点滴滴想出来、做出来的平台。

——马云

对创业型公司来说，创业者只有在公司中大力提倡创新，激发员工的创新力，才能利用企业现有资源创造巨大的财富。

日本的汽车界巨子丰田英二，就时刻注意激发员工的创新力。丰田英二曾任丰田汽车公司总经理和社长一职。他于1951年在丰田公司实施了"动脑筋创新"建议制度，效果显著，使丰田公司获得了巨大的成功。丰田英二首先在公司里建立了"动脑筋创新"委员会，决定了建议规章、审查方法、奖金等。其范围包括，机械仪器的发明改进、材料消耗的节减、作业程序的新办法，以及围绕着车间作业程序方面的问题征集新的建议。建议箱在车间随处可见，不论谁都可以自由地、轻松愉快地提建议。各部门（工厂）也分别设立了建议委员会、事务局，把提建议的方针贯彻到工厂的方方面面。同时各车间组成了"动脑筋创新"小组，管理人员对提建议的人，一定要有计划地给以帮助，为此特别设立商谈室。一个有经验的老员工曾经说过："开始实行动脑筋创新，我们就对车间眼前接触到的所有东西、事情、工作以及机器，总是采取追求'更好'的态度。不管见到什么，总是在探求有没有更好、更有效的做法以节省时间和工作量，有没有更好的节约使用材料等方面的窍门。"

"动脑筋创新"建议制度实施不久，丰田英二又主张进行新的创新。根据斋藤尚一的建议，征集公司有代表性的口号。结果，"好产品好主意"这一条当选，从1954年起，全工厂就将这条口号用荧光揭示牌悬挂起来。

提建议的人有权利和上司商谈自己的建议。通过提建议，领导能够听到生产第一线生气勃勃的声音，也能对员工掌握技术能力的程度有一个了解。由于这样不断地反复，个人和小组就都被发动起来了。提建议所得的奖金，大多被用来作为亲睦会、进修费和研究会的基金，同时也成为同事之间相互谈心、产生新的动脑筋创新所需要的经费。该制度的建立，既提高了员工的思想水平，创造了团结的气氛，也加强了上下级之间的联系。

员工们利用这个制度，找到了创新的乐趣，特别是他们从自己的提议得到承认中得到一种满足感，从而更努力地发挥自己的能力。丰田公司的建议制度是和企业以及个人不断成长紧密联系的，并不是单纯意义上的一种管理手段。该制度的审查标准划分为无形效果、有形效果、利用的程度、构想性、独创性、努力的程度、职务减分等7个项目，每个项目是以5～20分的评分等级来评定分数。

满分是100分，当然，质量方面来说，分数没有上限。奖金最低的为500日元，最高的为20万日元。对于特别优秀的建议要向科学技术厅上报，每月的建议件数按车间分别发表。同时，还按各车间、工厂、全厂等单位，举办了大小不一的展览会，企业最高层领导要出席展览会，并进行评议。实施"动脑筋创新"建议制度的第一年就收到了很好的效果：征集建议183件。而到了1955年达到了1000件；到了1970年，达到了5万件。很明显，该制度使员工们的参与程度呈上升趋势，大大调动了员工的积极性，能促使企业不断发展。

相似地，美国通用电气公司于20世纪90年代初展开了一种"开动大家的脑筋"的活动。他们把100名由各个部门推选出来的代表分为若干小组，各自提出本部门的意见和要求，并发表自己的看法，公司高层经理在现场听取每个小组的汇报。根据规定，这些高层经理对小组提出的要求只能回答"YES"和"NO"，而不得用"研究研究""以后再说"之类的话推诿或搪塞。结果，许多平时难以解决的问题都在会上顺利解决或得到满意的答复。"开动大家的脑筋"活动给企业带来了明显的效益。当年公司总裁约翰甚至认为，这是一条摸清企业发展脉搏、培养未来员工的好路子。

好的公司可以说都是创新型公司，假如创业者能在公司营造起创新的气氛，鼓励员工读书或参加研讨会，让他们参与其他富有创意性的活动都可鼓励员工发挥创造潜能。这些努力有朝一日必有收获，员工的创意性贡献必可使公司成长。更重要的，这些贡献创意的人也会一同成长，并更具活力，更有成就感。

以下是我总结的如何激发员工创新力的三条建议，希望创业者能有所帮助：

1.树立榜样

在创业型公司中，创新力需要自上而下的激发，从创业者本人和公司其他领导者开始做起。因为，即使最富创造力的员工也无法完全凭借自己的力量来推动整个公司的创新，它需要有领导者来引领。领导者要以自己的行动告诉员工，自己对创新的价值重视到了何种程度。

2.明确目标

创新不是无根之木、无源之水。创业者应该让每个员工都清楚地知道公司的业务目标以及每个发展阶段应该达成的目标，如此，员工才会明白哪些是创新重点，哪些领域最有可能受益于创新。

3.提供激励

作为一家创业型公司，公司的账本上可能没有多少现金，但是创业者仍然可以用其他方式来奖励员工创新。比如升职、适当的奖金、带薪假期等都是对创新员工进行认可的很好方式。另外，即使员工的创新最终没有奏效，作为创业者，也应该公开对员工在创新方面所付出的努力表示认可与鼓励。

森舟心得

实施积极、有效的新制度，能够给企业带来明显的效益，能够使员工们的参与程度呈上升趋势，大大调动员工的积极性，最终促使企业不断发展。

第十二章

敢于竞争，在竞争中不断强大自我

马云教给我的创业竞争课

马云说：竞争是极其快乐的活动，如果你觉得竞争让你越来越累，那你就错了。竞争是让对手很累，你是很快乐的。当然，在竞争过程中，要遵守游戏规则，规则是人制定的，不能做伤害别人的事情。

逢敌亮剑：宁可战死，不被吓死

网络上面就一句话，光脚的永远不怕穿鞋的。

——马云

在各地电视台连夺收视冠军的热播电视剧《亮剑》中有这样一段话：古代剑客与高手狭路相逢，假定这个对手是天下第一剑客，明知不敌，也要毅然亮剑，哪怕血溅七步，也虽败犹荣。

该剧主人公李云龙之所以能打赢许多硬仗，就在于这种面对强敌敢于亮剑的强者心态。该剧最出彩的地方应该是李云龙在军事学院做毕业论文时的一段话："作为一名军人，明知不敌，也要敢于亮剑，这是中国军人的军魂！就像武侠小说中所描写的剑客一样，要敢于过招，而且要该出手时就出手。"这是李云龙戎马生涯的真实写照，也是他作为一名中国军人"宁可战死，不被吓死"精神的写照。这种精神无疑是可贵的。

狭路相逢勇者胜！李云龙不信邪、不信神，只相信自己的队伍，相信自己的实力，相信自己的智慧，这是他自信心和才能的充分展露，也是古代侠者之风的再现，遇到强手，不能气馁，不能怯阵，不能手软，不能不敢战，更不能不敢胜，要敢于对敌，要敢于出手，要敢于杀敌，要敢于拼命，要从心理上压倒敌人，要从气势上震慑敌人，要从狠劲上吓跑敌人，要刀快枪准，心狠手辣，出手必杀，方能使敌人怯、馁、疑、慌、惯、逃、败、亡，自己方能争取生机，取得最后的胜利，才能够生存下去，才能够发展壮大。否则，怯战也得战，怕输更得输，怕死还是死。李云龙的带兵生涯就充分地证明了这个观点，他历次以弱胜强、以寡胜多、转败为胜的生动战例就是很好的佐证。

作为中国互联网的领军人物，马云面对竞争的态度和做法与李云龙有着惊人的相似。"网络上面就一句话，光脚的永远不怕穿鞋的。"这是马云曾经说过的话。这句话虽然没有李云龙说得那样精彩，但道理却有着很多的相似之处。

下面，我们来看看马云和阿里巴巴是如何向行业老大eBay发起挑战的，看了这个过程，你就会明白，马云是如何敢于逢敌亮剑，并在竞争不断强大自我。

2003年初，马云和阿里巴巴的几个员工去日本出差。这次出差的目的是为了寻求阿里巴巴下一步的发展方向，当时国内的短信业务和网络游戏盛行，很多人因此暴富，马云也有些心动，但是，对于这两项业务能否持久繁荣下去并支撑商业互联网的未来，马云心里并没有清晰的看法，所以，他才决定去日本考察一番。

可是到了日本后，马云却突然产生了关于电子商务的一些新想法。一路上，他都沉浸在"eBay和阿里巴巴是一样的，电子商务是没有边界的"大发现中。

由于那次去日本的时间比较紧，马云并没有和老朋友孙正义联系，考察完毕后，便准备打道回府。可孙正义得知马云来到日本的消息后，却给马云打电话说，务必要见一面，有极为重要的事情商量。

马云说已经退房了，车子都快到机场了。不如下次再见吧。孙正义说不见不行，退了机票给我再买一张也要见了再说。于是我们又回到了城里，到孙正义的办公室去和他见面。你猜他见到我说的第一句话是什么？他说，B2B、B2C、C2C是可以共享的平台，eBay和你们是一样的！

两个人的想法不谋而合，这就使得马云更有信心进军C2C领域了。

当时，eBay在全球锋芒毕露，不可一世，众多行家都认为在电子商务领域eBay是不可战胜的。但是马云却不信这个邪，狭路相逢勇者胜，宁可战死，不能被吓死。而且，雅虎日本公司进军日本的C2C市场时，在同eBay正面交锋的过程中，拿下了日本70%的市场份额。因此，马云相信，eBay是可以战胜的，不仅在日本可以被战胜，在中国也可以被战胜。因为他发现，eBay在亚洲的经营手段和市场存在着一定的差距。

2003年6月12日，eBay正式入主易趣。在2002年，eBay以3000万美元收购了易趣33%的股份以后，此时又以1.5亿美元的价格收购了易趣余下的67%的股份，完全控股易趣。随即，eBay开始把美国的商业模式大规模复制到中国，实现中国市场的赢利似乎就在眼前。

而在这之前，在阿里巴巴公司，一场针对eBay易趣的攻击波就已经在酝酿之中了。

这段经历，我在前文也提到过。2003年3月末的一天，10名阿里巴巴员工被逐个秘密叫入马云的办公室，每个人都被告知将有一项十分艰巨的"秘密任务"，"可能两三年内回不了家"，如果接受任务，就签署一份保密协议。此后这10名员工集体"失踪"，其中就包括曾在阿里巴巴高层变动中出国留学的孙彤宇。

此后的5月10日，淘宝在"非典"中问世，而两个月前马云交代给他们的秘密任务就是"做一个像eBay那样的网站"。

淘宝网建立以后，最大的竞争对手就是eBay易趣——世界最大C2C网站美国eBay的子公司，并且占据了90%的市场份额。看上去，淘宝似乎完全没有取胜的机会。

在2004年，eBay将主要精力放到了将易趣与全球平台对接上，新生的淘宝并没有引起它的重视。然而就在这一年，淘宝利用eBay整合期的动荡，积聚了较高的流量和商家。

"不是淘宝做得足够好，而是eBay给了我们太多机会。"马云说，"我们充分利用了eBay的弱点，给了对手'致命'打击。"

从经营策略上讲，eBay将中国平台易趣跟全球平台对接，想迅速地将中国网站"全球化"，初衷是好的，但并未考虑到中国市场的特殊性，同时并没有很好地处理用户对平台变动造成的不适应与不满。一个细节是，eBay在对接中碰到中国用户与国外用户出现名称相同的情况，优先选择保存国外用户的名称，让国内用户十分"郁闷"。

而在这期间，同李云龙一样，马云也亲临"战场"，身先士卒，亲自主持营销与公关，甚至为自己安排采访计划，精心策划"公关语言"，保持持续的媒体影响力和曝光度，并以"免费"的口号激发网民尝试淘宝的服务。

……

3年后的2006年，eBay易趣的市场份额下降到20%，此后基本一蹶不振；而淘宝上升至72%。一出蚂蚁雄兵击败大象的好戏，就此谢幕。

通过这个过程，我们不难发现，马云在竞争时的确有一种类似于李云龙的狠劲和"匪"劲：他以"光脚的永远不怕穿鞋的"为精神动力，逢敌敢于亮剑，出招从来不按常理，面对eBay这样强大的竞争对手，他主动亮剑，建立淘宝，向其发起挑战，而不是选择逃避和退让；在竞争过程中，又身先士卒，采用神鬼莫测的攻势，使淘宝网这个刚"牙牙学语"的"婴儿"不可思议地战胜了行业"巨人"eBay。从这两点看，马云堪称"商场李云龙"。

创业初期，我们可能会遭到同行企业的不屑和小看，很多创业者选择避让求全，不敢与同行们在商场上正面相见。这实在是大错特错，创业要成功，创业者首先要有骨气，要能硬起来。明知对手强大，我们也要逢敌亮剑，上场拼一把。敢拼才会赢，不拼就是认输了。何况再大的企业也有弱点，再小的企业也有优势，蚂蚁战胜大象并不是什么神话，阿里巴巴战胜eBay就是最好的例子，像这样的例子在商场中还有。所以，创业者在竞争时，要敢于亮剑，充分发挥自身的优势，寻找对手的弱点，努力拼搏，千方百计地寻求获胜的机会。

森舟心得

与对手竞争时一定要以强者自居，要自信坚定、冷静沉稳，我们可以被对手击败，但一定要能再爬起来，我们可以被对手打败，但绝不能被自己的弱者心态所打败。始终如一地保持强者心态，那么总有一天，你一定会变成真正的强者。

重视对手：永远把对手想得强大一点

在商场上不可以妄自尊大、目中无人，轻视对手的结果一定
是失败。

——马云

商场竞争，很多时候看起来要赢，结果却输掉了，很重要的一个原因就
是因为不够重视对手。所以在马云看来，"做企业，每一天都要非常认真，对
每一个项目，每一天的过程都要非常仔细"。马云告诫创业者："不管你拥有多
少资源，永远要把对手想得强大些，哪怕他非常弱小，你也要把他想得非常
强大。"

在历史上，因过于轻敌而导致失败的例子数不胜数。西楚霸王项羽，骄傲
自大不可一世，对刘邦极度轻视，最终上演了一出乌江自尽的悲剧；三国时代
的关羽，同样是因为骄傲轻敌，不把年轻的陆逊放在眼里，结果大意失荆州，
败走麦城……历史告诉我们，永远不要轻视任何一个对手。每个人都有自己的
优势，过于盲目自信，已昭示了失败的必然性。

eBay在与淘宝较量时最开始也就是错在了轻视对手上。2003年5月10日，
淘宝作为一个C2C网站在网上出现时，并没有引起eBay足够的注意。当时这种
C2C网站有好多个，但都未成气候。作为世界C2C领域的霸主，eBay并没有把
这些网站放在眼里，这使它错过了封杀淘宝的绝好时机。而后来随着淘宝气势
越来越强大，eBay被迫开始对淘宝作出回应。但eBay战略行动迟缓、被淘宝压

制、不注意成本控制等仍然进一步导致了eBay在中国市场的失败。

2005年7月，eBay将其在线支付方案贝宝（Paypal）引入中国，8月底，贝宝与eBay易趣的安付通宣布对接。虽然当时的支付宝已占据了电子商务支付市场的首位，用户评价也认为支付宝更适合中国消费者，但此时马云一点也不敢轻敌。支付宝与安付通、贝宝竞争了两年之后，终于打败了对手。

马云认为，在商场上最大的同盟军是你的客户，把客户服务好了，你就会成功，**决定成功的是客户而不是竞争对手**。而面对竞争对手的出击，要非常重视，万不可轻敌。所以，决胜商场需要两方面的功夫，一是为客户提供优质的服务，二是时刻保持警惕，永远把竞争对手想得强大些。

创业，总会遇上一些阻碍，这些阻碍有些来自于自身，有些来自于对手。但是对手的强迫追赶，也是你前进的动力。因此，每一个创业者都要充分重视自己的竞争对手。那么，竞争对手的威胁主要有哪些呢？

1.新进入者的威胁

新进入者是行业中最具挑战性的竞争力量，会对本行业已有企业带来很大威胁。其威胁的程度取决于进入的障碍和原有企业的重视与反击程度。如果进入的障碍大，原有企业态度足够重视，反击足够激烈，新进入者的威胁相对就会减小；反之，其威胁就会变大。

2.其他利益相关者

其他利益相关者是指股东、员工、社区、借贷人、贸易组织以及一些特殊利益集团。这些利益相关者虽不是严格意义上的竞争对手，但对企业的发展有着不同程度的影响。所以，从创业初始，创业者就应该充分考虑与利益相关者的关系处理及他们对自身的影响。

3.现有竞争者的抗衡

属于同行业的企业是最重要的竞争对手，其竞争程度是由一些结构性因素制约的。每个行业的进入和退出障碍是不同的，理想的情况是进入屏障高而退出屏障低。这样，新进入者扩张会受到阻挡，而失败的竞争者退出该行业的余地比较大，如此，企业就会获得稳定收益。

4.替代品的竞争压力

所谓替代品就是满足同一市场需求的不同性质的产品。比如，塑料替代钢材、空调替代电扇等。科学技术的发展将导致替代品的不断增多。因此，创业者在制定竞争战略时，必须识别替代品的威胁及程度，顺应时代潮流，尤其对于采用最新技术、最新材料的产品方面更需要高度注意。

 森舟心得

商场如战场，一丁点儿的疏忽都可能导致经营的窘境和企业的破产。作为创业者，不单单要具备商业头脑，还要学会在经商活动中，正确评估自己与对方，不能盲目自信，更不能轻视任何一个竞争对手，以谨慎的心态对待每一次出击，才能最后把胜券稳稳地握在手中。

君子之风："独孤九剑"式的竞争风格

> 在对抗竞争时，我们会用一些"古怪"的招数打压对手，但战场肯定不会那么血腥。商战是一门艺术，只有"艺术"了才能开心。
>
> ——马云

"深凹的面颊，扭曲的头发，淘气的露齿笑，一个5英尺高、100磅重的顽童模样。这个长相怪异的人有着拿破仑一般的身材，同时也有着拿破仑一样的伟大志向！"《福布斯》杂志曾这样评价马云。不过，对马云本人而言，他更喜欢以金庸武侠小说《笑傲江湖》中的华山剑客"风清扬"自居，而其在阿里巴巴的论坛上的ID也为"风清扬"。

"武侠小说虽然影响了我考大学，但是并没有影响我做人。"事实上，大部分成年男人都有一个武侠梦，而很多成功的男人也都喜欢武侠，喜欢浪漫主义精神。马云在经营阿里巴巴和淘宝网的过程中，经常会有意无意地使用一些武术招数去处理问题。马云的武术招数与他的偶像风清扬相似，追求的是"无招胜有招"，以奇制胜。当然马云是一个讲究诚信的商人，他的"奇"也是君子之"奇"，就如同风清扬的"独孤九剑"一样，谨守君子之风，从不用阴险的手段欺骗对手，正像马云自己所说的："在对抗竞争时，我们会用一些'古怪'的招数打压对手，但战场肯定不会那么血腥。商战是一门艺术，只有'艺术'了才能开心。"

那么，凭什么说马云的竞争手段就是君子的呢？

第一，在同对手竞争时，马云从不使用流氓手段取胜。在淘宝与eBay易趣竞争时，对手为了打压封杀淘宝，采用了一个比较霸道的手段，"我们制订了一个推广计划，但是到各大门户网站去谈投放的时候，几乎无一例外地碰了壁。他们告诉我们说，eBay在与他们签本年度合同的时候就附加了一个条件，不接受同类网站的广告。于是我们转向次一级影响的网站，碰到的情况也是一样。"eBay的这种垄断封杀的行为使淘宝网举步维艰，其手法可谓不文明。而这种手法马云就绝对不会用，淘宝也绝对不会用，代之而用的是堪称高超的艺术手段。

"我们的对手很喜欢以高价格跟我们竞争。你口袋里子弹多的时候，应该让他的子弹往墙上打。竞争永远是乐趣。如果你发现竞争是一种痛苦的时候，你的策略一定错了，每个企业在竞争的过程中不要痛苦。竞争是一种给予，做企业是一种游戏，这个游戏是你跟公司的员工团结在一起的策略，但是不能做流氓。所以我们在这方面用一点智慧，用一点脑子。谁先生气，谁先输。"

马云把竞争当作一种艺术，当作乐趣，当作游戏，这是竞争的大境界。其结果也就造就了蚂蚁战胜大象的神话。

第二，善于选择好的竞争对手并学习其好的一面。在马云看来，竞争的最大价值不在于战胜对手，而在于强大自己，"竞争者是你的磨刀石，把你越磨越快，越磨越亮"。在竞争时，最重要的是选择好的竞争对手，然后向竞争对手学习。

在首届中国创业者论坛上，马云曾说过这样一段精彩的话语：

> 竞争者是一个最好的老师。我认为选择优秀的竞争者非常重要，但是不要选择流氓当竞争者。……如果你选择一个优秀的竞争者，打着打着，打成流氓的时候你就赢了。
>
> 所以有人向你叫板的时候，你要首先判断他是一个优秀竞争者，还是一个流氓竞争者，如果是一个流氓竞争者，你就放弃。但是在我

们这个领域里我首先自己选择竞争者，我不让竞争者选我，当他还没有觉得我是竞争者，我就盯上了，所以我觉得在我们这个行业里，我自己的心得体会就是你去选谁是你的竞争者，不要让人家盯着你，人家盯着你，人家一打你就跟着稀里糊涂地打，所以阿里巴巴这几年人家在跟着我们模仿，但是不知道我们究竟想做什么，我选竞争对手的时候首先要看他们要去干什么，我在那里等着。

对刚问世的淘宝来说，eBay易趣无疑就是一个很好的老师，按淘宝总裁孙彤宇的说法就是，eBay易趣是一个非常好的"陪跑员"。通过与eBay易趣的竞争，淘宝网不仅仅赢得了胜利，最重要的是从中学习到了很多宝贵的经验。

第三，胜而不骄，给予对手足够的尊重。马云率领淘宝经过四年苦战打败了行业巨头eBay，但马云并不因此而得意忘形，对eBay，马云始终保持着最大的尊重，始终认为eBay是一个伟大的公司。而淘宝之所以能战胜eBay易趣，是因为eBay"在中国下的'臭棋'太多，这给了我很多自信。但我清楚eBay仍然是一个九段高手，下臭棋是因为起先没把淘宝当'成年人'对待，而不是淘宝网自己有多么强大"。马云对eBay的女掌门全球总裁惠特曼也很尊重。在淘宝和eBay易趣厮杀得最为凶狠的时候，马云仍然极有君子风度地诚心诚意邀请惠特曼参加西湖论剑。

除此之外，宽容对手也是马云君子之风的体现。"不许说竞争对手坏话。"这是马云为阿里巴巴员工制定的必须遵守的原则之一。即便竞争对手采用恶意竞争手段，马云依然宽容对手。

阿里巴巴创业之初，在刚推出第一个网络页面时，就有一家杭州当地的网络公司侵权模仿，但马云一笑置之，并没有深究。

几年之后，当阿里巴巴的B2B模式获得巨大成功之后，作为阿里巴巴国内最大竞争对手的一家大公司再次模仿，马云依然宽容处置，没有紧咬对方的痛处不放。

无招胜有招，商场风清扬。马云的竞争风格如独孤九剑一样，大气、浩然、不骄不躁、不恨不怨、不急不恼。

在商业竞争上，我认为学习马云的君子之风非常重要。常言道："君子爱财，取之有道。"就是说行止端正、光明磊落的人同样喜爱财物，只不过获取财物的手段和方法是正当的，无可非议的。每个创业者都想在竞争中获胜，这无可厚非，然而获胜的方法会直接关系到你所要付出的代价。不正当的竞争是要砸牌子的，可能会赢得一时的胜利，得利于一时，但最终只会搬起石头砸了自己的脚，逃脱不了价值规律的惩罚。

 森舟心得

　　竞争场上是谁先恼羞成怒谁就输掉了，做企业的目的不是为了竞争，做企业的目的是为社会创造价值，然后把自己的企业越做越好。

寻求双赢：走自己的路，但不要让别人无路可走

> 对手死了，你一定活不好，一定需要有一个对手，才会发展
> 得越来越好。
>
> ——马云

与对手合作追求双赢，不仅能把对手变成合作者，更能让对手体会到你的诚意，原谅你以前对他所犯的错。无谓的竞争必然导致无谓的结局。生意场上的厮杀尽管非常激烈，但毕竟不同于战场，把对手击败是战争的最高目的，而商业上的合作往往是比相互的恶性竞争更加有力量。

在面对竞争对手的时候，马云除了超越对方外，还有另一种策略，即双赢。最典型的例子就是阿里巴巴收购雅虎中国。

2005年10月25日，阿里巴巴顺利完成对雅虎中国全部资产的收购，这在当时是中国互联网史上最大的一起并购。此次收购的完成，阿里巴巴巩固并提升了在全球领先的B2B、C2C领域以及电子商务支付的领导实力，获得了领先全球的互联网品牌"雅虎"在中国的无限期独家使用权，也获得雅虎公司全球领先的搜索技术平台支持，以及强大的产品研发保障。

此次收购完成后，杨致远表示："雅虎公司和阿里巴巴公司的此次合作，在中国这个成长最快的市场创造了中国最大的互联网公司之一，阿里巴巴公司CEO马云以及阿里巴巴公司的本土管理团队，将为中国个人和企业用户提供最好的电子商务和搜索服务。"

马云则说："雅虎将以一种新的方式存在于中国，这对于阿里巴巴和雅虎来说就是双赢。"

显然，这次合作中，马云和杨致远双方都是胜利者，这是一种典型的双赢局面。

接下来分享的这个商业案例，也能很好地说明双赢的重要性。

Beta系统曾经是中国台湾录像机市场的两大系统之一，另一个系统是JVC公司的VHS系统。前者使台湾新力公司一直在电子技术领域占据重要位置，Beta系统就是它成功的发明，但就是在这个发明上，新力公司摔了一个大跟头，输给了对手JVC公司。

新力公司在发明录像机系统之后，一直想垄断录像机市场，不给对手机会，所以他坚持不肯将技术同对手分享。

新力公司垄断技术的局面，在短时间里确实造成了行业垄断，给新力公司带来巨大利润。JVC公司的VHS系统无法和新力公司相抗衡，在生产的品质上和技术上都明显落后于对手新力公司。这种情况迫使JVC公司下决心开发出新的系统，以打破新力公司的垄断地位。

由于JVC以公开技术的方式和其他的大公司合作，所以在它周围立刻积聚起一支庞大的技术队伍，世界其他电子公司的技术JVC公司也可以分享，因此世界上采取VHS规格系统的公司越来越多。新力公司处于孤立的境地。

采用VHS系统的厂家，为了同新力公司竞争，联合起来挤占新力公司的市场。由于这支队伍的庞大，输赢立刻就见分晓，新力公司马上就处了下风。

新力公司知道形势对它非常不利，这时如果它立即和其他公司合作，尽管将造成一部分损失，但不至于一败涂地，而且还可以发挥自己的技术优势。但新力公司却不甘心，决心在这场商业大战中坚持下去，于是就极力抗拒JVC公司的VHS系统。为了达到目的，它将用巨额资金投入到广告之中，它的技术水平也越来越高。可是消费者已经习惯使用JVC公司的产品，要改变这种习惯谈何容易。因此，新力公司的行为不但无法挽回其他的劣势，反而越陷越深。这就决定了它螳臂挡车的做法是无法长期维持下去的，它的努力最后宣布彻底失败。

1988年春天，新力公司承认了自己的失败，宣布Beta系统不如VHS系统，决定放弃自己固守的阵营，加入到对方的行列。

从1980年到1988年将近10年的时间，正是世界上录像机市场急剧扩大的非常好的时期，可是新力公司为了企业的"面子"，陷入了一场无谓的竞争中。这场竞争使对方下决心改变了自己产品的缺点，增强了对手的实力，而自己几近于一无所获。假使新力公司能够在开始的阶段就公布自己的技术，和其他公司共同合作，那么世界上录像机的生产厂家，新力公司一定能够占据显著地位。

现如今，越来越多的企业正在通过合作整合资源，把自身优势与其他企业的优势结合起来，既提高自己也提高别人的竞争力，实现双赢或多赢，这是商业竞争未来的大趋势也是市场的发展潮流。然而，行走商道，创业者也要明白，与竞争对手合作共赢，要求各方都要有真诚合作的精神，要遵守游戏规则，做对双方有益处的事情，不要总想着自己占便宜，否则双赢的局面就不能出现，最终吃亏的还是合作者自己。

作为生意场上的最高"境界"，双赢越来越受到现代企业的重视，创业者要想在事业上有所突破，就要寻求与竞争对手的合作共赢，在和平发展中走向成功。

 森舟心得

在一个行业里，永远都一枝独秀是不行的，也是危险的。中国的的商情中，三足鼎立才能使一个行业发展起来，至少做大三家才有钱赚。

第十三章

那些杀不死你的，终将使你更强大

马云教给我的创业危机课

马云说：所以你不要觉得那么容易就垄断了，我每天都睡不好，我每天晚上都在担忧我的公司没有跑得够快就会被别人所淘汰了，就会在这个竞争当中掉队了。

培养危机意识：没有危机意识是创业者最大的危机

企业越成功，越有危机意识，越能做大！

——马云

马云一直是中国互联网里最具危机意识的人。当别人都在为成功而忘乎所以的时候，马云却时刻保持着危机意识和应变心理。正如他在2003年的一次采访中所说的："今天是大家都好了。我反而更加警惕，好了不等于我会好，在以前冬天的时候大家都不好，不等于我们不好，其实阿里巴巴现在经营一直不错，应该来讲今年的利润会在一个亿以上，所以整个公司已经开始慢慢地进入一个比较好的（状况）。"

的确，对一个创业者来说，没有危机意识就是最大的危机。在管理实践中，我多次用"温水煮青蛙"的悲剧来提醒自己要时刻保持危机意识。

所谓"温水煮青蛙"，源于一个有名的实验。19世纪末，美国康奈尔大学的一位教授在一次试验中，将一只健康的青蛙放在盛满沸水的大锅里，青蛙一接触到沸水，便立即蹿了出来，这种超强的弹跳力使得青蛙逃离了死亡的厄运。然后，教授又将另一只同样健康的青蛙放入一口装满凉水的大锅里，然后开始给水加温。

随着水温的升高，水中的这只青蛙也明显地感觉到了外界温度的变化，但是由于测试者是用小火慢慢加热的，水温的逐步升高并没有给这只青蛙带来太多不适应。但当温度继续升高，以至于逐步升高到足以致命时，这只青蛙拼命地想要跳出来，只是此时，它已经没有跳跃的能力了，自己原有的那种关键时刻的爆发力消失殆尽。

"青蛙效应"强调的就是我们中国人常说的"生于忧患，死于安乐"的道理。人天生就是有惰性的，总愿意安于现状，不到迫不得已多半不愿意去改变已有的生活。若一个人久久沉迷于这种无变化、安逸的生活中，往往就忽略了周遭环境的变化，当危机到来时就像那青蛙一样只能坐以待毙。创业始终伴随着风险。**而对于创业者来说，最大的风险就是缺乏危机意识。**有的创业者只看到创业的有利因素，而忽视了潜在的风险；有的则只看到对手的弱点，却没看到自身的不足。最终，导致创业不可避免地走向了败亡。所以，创业者必须明白：只有时刻保持危机意识，才能使团队不断成长。

作为世界软饮料行业的领军企业之一，百事可乐公司的发展堪称顺风顺水，每年有几百亿美元的营业额，几十亿美元的纯利润。然而，展望公司的未来发展前景，百事可乐的管理者们看到汽水业会趋于不景气，竞争也会更加激烈。为避免被市场打败的命运，他们认为应该让员工们相信公司在时刻面临着危机。但百事公司一路凯歌高奏，让员工相信危机这回事又谈何容易？

于是，公司总裁韦瑟鲁普决定要制造一种危机感。他找到了公司的销售部经理，重新设定了一项工作方法，将以前的工作任务大大提高，要求员工的销售额要比上年增长15%以上。他向员工们强调，这是经过客观的市场调查后作出的调整，因为市场调查表明，不能达到这个增长率，公司的经营就会失败。这种人为制造出来的危机感马上化为了百事公司员工的奋斗动力，使公司永远都保证处于一种紧张有序的竞争状态中。正是这些有效措施，使百事公司不断保持着前进的步伐。

不仅是百事可乐的总裁韦瑟鲁普，无数的真实案例告诉我们，成功的管理者都具有强烈的危机意识，他们通常都是"怀抱炸弹"，时刻想着如何"活下去"。这种深刻的危机意识和一系列的"预警"措施，使他们率领团队安然度过一个又一个"暗礁"，实现了持续的成功。

法国大作家巴尔扎克有一句耐人寻味的名言："一个商人不想到破产，如同一个将军永远不准备吃败仗，只能算'半个商人'，是不成功的商人。"日头正午，是最辉煌的时候，但也是西下的开始。虽然说的是自然现象，不能与团队生存发展进行简单的类比，**但是管理者要时时想到"日落西山"的时候，这是生存法则。**

在创业过程中，创业者应时刻怀有一种高度的危机感，警惕危机的到来。如果从始至终对危机都没有一种警惕意识，一旦遭遇巨大危机的突然袭击，就必然会束手无策，从而在这场无准备之仗中毁掉自己和团队的未来。

因此，在面对市场竞争时，创业者一定要时刻保持危机意识，不要陶醉在曾经和现在的"卓越"里。记住，过去和现在的成功并不意味着未来的成功，最好的时候往往是危机最容易诞生的时候。

那么，创业者具体该如何让自己以及团队时刻保持危机意识呢？我认为，至少需要做到以下几方面：

1.针对与发生危机有关的各种可能因素，拟定一份周详的切实可行的防范危机的措施计划。

2.按照防范措施计划进行周密的布置和安排，对每一个环节进行逐一落实，明确具体防范办法。

3.要建立早期预警系统，及时发现出现危机的苗头并高度重视，宁可"小题大做"，也要彻底灭绝那些容易引发危机之火的小火星。

4.把防范危机的注意力向那些容易被遗忘的角落里延伸，因为很多危机的出现都是在不引人注意的地方萌发的。

5.防范措施要切实可行，要贯彻深入，要有严格的要求，不能做表面文章，摆花架子。否则，危机一旦来临就会招架不住。

6.危机的发生，有的是客观原因酿成，有的是主观原因。如果只顾眼前利益，就会发生决策上的失误，一步走错，满盘皆输。团队要建立科学决策系统，防止由于管理者的失误而造成的危机。这种对自身失误的防范是很明智的做法。

7.要留有预备队，作为补救战场危机的机动力量。比如，要留有一定的机动资金等，以应急于危难之际。

 森舟心得

　　多数人只是看到了危机才相信，而不是相信了才看到，只有少数拥有危机意识的人才能预见危机、预防危机。

避免破窗效应：发现隐患要及时清除

作为企业的CEO一定要有对灾难的预见能力，并且要把灾难扼杀在摇篮里。

——马云

所谓"破窗效应"，是由美国政治学家威尔逊和犯罪学家凯琳共同提出的一个心理学效应，内容是：如果有人打坏了一幢建筑物的窗户玻璃，而这扇窗户又得不到及时的维修，别人就可能受到某些暗示性的纵容去打烂更多的窗户。久而久之，这些破窗户就给人造成一种无序的感觉。结果在这种公众麻木不仁的氛围中，犯罪就会滋生、繁荣。

尽管"破窗效应"主要是从社会犯罪心理和行为上进行的思考，但其道理对于社会各行各业的情况也同样成立。也就是说，某种不良环境因素一旦出现，就会在心理上对人们产生相当程度的暗示性和诱导性，如果不采取措施及时修复"第一扇被打碎玻璃的窗户"，就难免给出错误的暗示，导致出现更多的问题，甚至引发严重危机。

阿里巴巴中供铁军在内部管理中就曾引入破窗效应，并对其进行了引申解释，就是发现细小隐患要及时处理。在中供铁军的管理上，马云要求相关负责人从细小的违规开始关注，该处罚的就处罚，在他看来，细小的隐患好了，大的错误就不会发生了，千万不要等窗破后再想办法去弥补。

创业者在经营管理中，对"破窗效应"同样要高度重视，尤其是对一些看似微小，但对企业影响面广、影响深远的"小过错"，千万不能姑息、容忍，一定要"小题大做"地去处理，及时修复"第一扇被打碎玻璃的窗户"，这样才能防止有人效仿，避免出现更大的危机。

我认识一位大公司的老总，在一次吃饭时他谈起自己的管理心得，说自己幸亏是有一位贤内助，他的夫人比他更懂得管理。我问他为什么这么说，他给我讲起了一件事。

2002年春，他的公司招来了一批新员工，这批员工都来自福州重点高校，共同的特点是学历高、有专长，大都是技术和管理骨干。然而，上班的没几天，就有两位年轻人辞职回原籍了，一时同来的这批员工人心惶惶，这件事宛如投下一枚炸弹，让不少员工忐忑不安。

他的公司副经理，也就是他的夫人，先他一步敏锐地觉察到了这一潜伏的危机，当即决定在第二天晚饭后召开员工会议，尽快解决这一问题。参加会议的除她本人外，还有秘书薛小姐、一位从打工妹一步步升上来的部门经理刘小姐。而最妙的是这位副经理利用老乡观念，让同为福州人的刘小姐主持会议，自己则坐在一旁。刘小姐作为副经理的代言人，在讲话中一再转述副经理的意思，如"副经理要我转告大家……"云云。这种委婉的方式营造了一个和缓轻松的氛围。副经理通过这种间接方式，要大家注意保重身体，对公司不要有顾虑，并一再表明公司诚恳希望大家能安心工作，有问题可以提出来。然后，她又嘉奖了一姓赵的员工，由于他工作态度好，表现出色，提前将其转正并加薪。秘书薛小姐接着以自己为例发言，极力赞扬公司的正规化和总经理的人情味。最后副经理趁热打铁，代表公司说明两位员工辞职的真相是因为他们自己的实际能力与申请到的职位不符。她又表示各位员工如在工作上还有顾虑，可以在第二天与经理私下说，公司会予以调整，总之，请大家安心工作，视公司为家。

散会后，副经理问大家："还有什么不妥吗？"大家齐声说："没有！"又问："大家还想回去吗？如果下了决心在这儿干的，请举手！"大家立即齐刷刷地举起手。就这样，这位副经理用她敏锐的观察力、过人的智慧、有情有义的劝说，有效地防范了可能导致公司业务停顿、人心涣散的隐患。

通过这位老总的案例，我想阐述的是这样一个道理：世上万物都不可能孤立存在，相互间总有着千丝万缕的联系。只要把握这些联系并仔细观察，就会找到危机发生前的一些预兆。那么，就可以早做应付的准备，以消除隐患，避免危机。

我认为，经商要特别警惕以下几种因对隐患的主观失察而导致危机的因素：

1.视而不见。对于已经出现的一些隐患麻木不仁，没能引起应有重视，而是放任不利因素的发展。

2.对问题严重性认识不足，忽视了问题发生后的潜在危机，而未能及时控制局势。

3.缺乏敏捷应变的思维能力。面对危机的出现，不知所措，一筹莫展，没了主意。

4.认识问题偏执，爱钻牛角尖，遇事只往好处想，不去考虑不利的一面。

 森舟心得

　　创业时要能及早发现危机端倪，针对可能出现的隐患，在思想上强化防范意识，并且具体、详细、妥善地安排切实可行的防范措施，这样才可能让危机化解于无形。

做好情绪管理：越是危机之时，越要冷静应对

> 作为一个领导者，应该控制自己的情绪，很多时候发脾气是无能的表现，合理的情绪控制对于团队的和谐、稳定军心有大作用。
>
> ——马云

有两位美国心理学家做过一个有趣的试验，他们在两个玻璃瓶里内各放进5只苍蝇和5只蜜蜂。然后，将玻璃瓶的底部朝有光亮的方向，而开口则朝向黑暗方向。心理学家观察的结果是，5只蜜蜂总是想在玻璃瓶底部找到出口，一直到力竭而死或被饿死，而5只苍蝇则在不到两分钟的时间内，在黑暗方向发现了出路，逃逸一空。心理学家由此总结道：蜜蜂性子急躁，除了拼命挣扎之外，从来都没想过可以从另一个方向飞出来。所以，尽管与苍蝇相比，它的感觉器官更加敏锐，可依然于事无补。这就是蜜蜂效应。

蜜蜂效应提醒每一位创业者：在团队面对危机时，管理不好自己的情绪，就没有办法做出冷静正确的判断和处理。这就好比打麻将，心浮气躁的人，越急就越输。所以，即便是遭遇再大的危机，也不能冲动行事，更不能意气用事，就像一句俗话说的：沉住气，成大器。

2003年，一场让举国上下陷入恐慌的传染性疾病侵袭中国，这就是"非典"。刚刚在电商行业站稳脚跟的阿里巴巴也因此突遇巨大危机。

当时，阿里巴巴一位外出广州公干的员工在回到杭州后，被确诊为"非

典"患者，而阿里巴巴本部也迅速被杭州市政府列为重点防范对象。消息传开后，本部大楼里的员工纷纷外逃回家。到了第二天，公司的办公区域被完全封锁，员工也都被隔离在家。此时的阿里巴巴面临着瘫痪的危险。

可想而知，马云当时所面对的压力是多么大。一方面，要向被感染的那名员工家属道歉，一方面，要给总部所在办公大楼的其他公司解释。即使这样，别人还未必领情，有人愤怒地冲到阿里巴巴大吵大闹，甚至砸东西以泄愤，有人声色俱厉地质问：为什么要派人去广州？为什么让他回来？是阿里巴巴把"非典"招来的！

沧海横流，方显英雄本色。令人激赏的是，马云并没有被"非典"所带来的毁灭性打击所击倒，而是保持着稳定的情绪，异常镇静地化解了这次危机，并在危机中抓住了大商机，实现了大飞跃。

马云是如何做到这一切的呢？

首先，马云亲自写了一封道歉信给员工，以示安慰和鼓励，激起员工的斗志。

马云在信中写道："这几天令我感动的是，面对挑战，所有阿里人选择了乐观坚强的态度，我们互相关心，互相支持。在共同面对SARS挑战的同时，我们没有忘记阿里人的使命和职责！灾难总会过去，而生活仍将继续，与灾难抗争并不能停止我们继续为自己钟爱的事业奋斗！"

其次，以SOHO（家居办公）抗非典，改集中办公为分散办公。事发三小时，500名员工分散完毕，随即在各自家中安好电脑宽带，照常办公。

再次，网上指挥，网上管理。在"非典"期间，500名员工在各自家里工作，公司高层则在网上遥控。

在整个"非典"期间，马云及其团队不但维持阿里巴巴两大网站的正常运转，还使公司的业绩激增5倍，这绝对是一个奇迹，而这个奇迹的背后，正是马云那种"泰山崩于前而色不改"的情绪管理能力。

如马云一样，注意情绪管理，危机来临时冷静应对，是创业者摆脱和利用危机的一种必要技能。

2008年3月，森舟茶叶发生了一起"刷信用"事件，这是我创业后遇到的第一次严重危机。所谓"刷信用"，是电子商务中的一种舞弊行为，其实质就是卖家自导自演的虚假交易，目的是增加好评。

有一天，有人通过淘宝旺旺问了我一个问题："肖老板，你的信用怎么这么高啊？听说你是找人刷出来的，什么人帮你刷的啊？也介绍给我吧。"创业以来，我一直奉行诚信经营的原则，从没做过这样自欺欺人的事，觉得问心无愧，便没有理会。没想到，接下来不断有人来问我类似的问题，甚至有人发帖子斥责我做假。

顶着"刷信用"的帽子，我当时心理压力的确也很大，担心"森舟茶叶"这个自己辛苦打造的品牌蒙上污点。于是，我便开始调查这件事的来龙去脉。有人告诉我有一个QQ群，里面全都是这样的信息，有"肖森舟"的名字。我于是匿名加入了这个群，结果发现这个群里发布许多刷信用的信息，有人还一再声明"森舟茶叶"这样的大卖家就是他们刷出来的，我顿感无语，自己竟成了别人造假的广告。

这些人的真实姓名，我当时无法得知，所以不能投诉。烦躁、窝火等负面情绪在最开始的时候也是有的，但是，很快我就冷静下来，因为我是诚实做生意的，我的茶叶质量没问题，服务也很好，这些我的顾客心里都很清楚。因此，谣言只能影响一时，长期来看，对我没有任何威胁，所以没有必要为此乱了阵脚。此后，面对质疑的客户和朋友，我始终保持耐心，一一解释，说这些消息是子虚乌有，我从来没有刷过信用。结果，时间长了，问的人渐渐少了，到后来彻底没有人再问。

所以，我认为，高明的创业者，越是危急之时，越要能管理好自己的情绪，在冷静沉着中想出应对危机的方法。

毫不夸张地说，一个创业者的水平高低，往往并不在于团队顶峰时期甚至平常时期的表现，而在于面对危机时的情绪管理。如果在面对危机的时候，创业者依然能冷静应对，阵脚不乱，保持稳定乐观的精神状态，那么基本上就可以断定，他所带领的团队不仅能走出困境，而且很可能会迎来一个快速发展的时期。相反，面对危机时，创业者自己就先乱了阵脚，不知所措，那么无论他平时表现出来的水平有多么高，也不管他学习过多少先进的管理知识，我们也不难想见，即使他所带领的团队侥幸度过危机，其未来的前景也不容乐观。

那么，创业者具体应该如何有效地进行情绪管理呢？

1.明辨是非，认清对错

用清晰的思路和理性的头脑来判定危机，始终清楚什么是正确的，什么是错误的。比如，在团队遇到舆论的严厉指责时，创业者不要认为这是有人故意挑刺，而应该认识到这是舆论为自己提供了帮助，使自己避免了错误的发生。对创业者而言，只有在心里摆正方向，分清危机的性质，才能控制住情绪，不做出令自己后悔万分的事。

2.将意志力磨砺得更加锋利

如果没有顽强的意志力做后盾，情绪管理只是空谈。或许，在你心中有控制情绪的意识，但没有顽强的意志，当危机发生时，行为就会与意识相悖。所以，创业者需经常磨砺自己的意志，让意志可以转化为实实在在的行动。

3.不要忽视小的危机

创业者应该在细节上加强自律，不要因为是小的危机，就放任自己的情绪去面对，这不仅有可能导致我们前文所说的多米诺效应和蝴蝶效应，而且，长此以往，形成惯性的话，情绪会更难以管理。

4.经常进行自我反省

《论语·学而》中说："吾日三省吾身。"作为创业者，只有经常进行自我反省，对自己严格要求，才会避免情绪失控，也才会取得经验和进步。

 森舟心得

遇到危机时，冷静分析原因，寻找对策，不要让自己的情绪失控，否则，就会很容易被此危机击垮。

学会利用危机：危机带有危险，但同时也蕴藏机遇

机会永远在危险中，不在危机中找机会，你就永远不会赢。

——马云

"危机"由两个字构成，一个是危险，一个是机会。出现危机其实并不可怕，可怕的是被危机吓得方寸大乱甚至是吓倒而自暴自弃。对创业者来说，遇到危机也不一定就是坏事，有时反而会成为做大做强的良好契机。创业者只要能树立起危机意识，并在危机来临时率领团队快速做出反应，那么，就不仅能扭转危局，还很有可能反败为胜，取得更大的发展。

来看下面这个商业案例：

1982年10月初，美国强生公司遇到了前所未有的危机：强生公司的主打产品泰诺胶囊，被当作杀人工具，7人因服用泰诺胶囊身亡，致死物质是不法分子利用"泰诺"的包装漏洞在"泰诺"胶囊中加入了氰化物。在第一例死亡消息向大众公布之后，强生公司的股价在一周内下跌18%。

对于此次事件，强生公司迅速做出反应，总裁吉姆·伯克毅然决定收回全部泰诺胶囊，并向医生、医院及各大经销商发出警告，通知中毒事件。

在查明事件原因之后，强生立刻停业整顿。当时，正逢美国联邦

政府和芝加哥等地方政府开始制定新的药品安全法，要求制药企业采用防损包装。强生公司率先响应新规定，推出三层防损包装。

强生在处理中毒事件中的坦诚和有效措施，不但没有使自己声誉受损，反而赢得了公众的信任，仅用几个月时间就夺回了原有市场份额的90%，并在当年价值12亿美元的止痛片市场上挤走了几乎所有竞争对手，为自己赢得了更好的发展机遇。

强生泰诺胶囊危机公关是危机管理的经典之作。连哈佛大学商学院的市场学教授S·格瑟也说："这是在市场学里看到的最成功的危机处理案例。"

马云也是化危机为机遇的高手。

2000年底到2001年初，网络泡沫破灭，互联网行业整体低迷，许多企业面临着倒闭的危机或者已经倒闭。这个时候的阿里巴巴也处于危机之中。股东的脸色很难看，甚至放出狠话：再不赢利，就把网站拆了。当时，阿里巴巴的账面上，只剩下能维持半年多经营的700万美元，更危险的是当时的阿里巴巴还没有找到赢利的方法，而众多的风投这时都不愿牵涉进中国互联网这滩浑水中来。

面对这样的情形，马云当机立断，宣布在全球范围内进行撤站裁员，启动了后来被马云称作"回到中国"的战略收缩。这次撤站裁员进行得可谓惨烈至极，其结果是：阿里巴巴在美国硅谷的30个工程师只剩下3人；原有30人的香港办事处只剩下8人；阿里巴巴在韩国的站点彻底关闭；设在大都会上海的办事处减员到10人以下；北京办事处的员工被裁掉了一半……

残酷的撤站裁员暂时化解了阿里巴巴的寒冬危机，为其赢得了宝贵的喘息时间。但并没有完全解决问题，更令人担心的是，这次撤站裁员使阿里巴巴员工士气大落，公司会不会就此走向衰落？这成了许多员工的心病。

就在这个危机四伏的时候，作为一个企业家，马云显示了超强的利用危机的能力。在COO关明生的协助下，马云在阿里巴巴内部掀起了一场别开生面的"运动"，做了三件大事："延安整风运动"——给员工灌输价值观；"建立抗日军政大学"——培训员工；"南泥湾开荒"——提高销售人员能力。

此外，为了保持企业价值观的延续性，马云还特意在阿里巴巴内部推行师徒制，新进职员都会得到指定师傅的帮助。师傅通过言传身教，让这些"毛头兵"迅速地成长成熟。

通过这一系列的危机公关，阿里巴巴员工的士气得到了迅速地回升，上下一致，士气高昂，共渡难关，终于有惊无险地度过了那个"寒冷的冬天"。

危机不仅带来麻烦，也蕴藏着无限商机。世界上任何危机都蕴含着商机，且危机愈大机遇也就愈大，这是一条颠扑不破的商业真理，对此，我有三点总结：

1.危机并非借口，而是条件

当下的时代，新技术层出不穷，信息革命愈演愈烈，管理者面临的考验也越来越多，越来越大，越来越复杂。所以，绝大多数时候，管理者是处在布满危机的环境之中的。这时，危机已经是管理条件。管理者要将危机作为借口的习惯彻彻底底地改掉，要认识到，在任何危机中，团队都可以获得巨大成功。**何况，当危机已经成为一种基本条件时，危机就是环境，对于环境，我们只能面对并学会适应。**

2.并不是所有危机都是有害的

危机是把双刃剑，对任何人来说都是。就像史华兹论断所说，所有的坏事情，只有在我们认为它是不好的情况下，才会真正成为不幸事件。也就是说，当我们认为它是好的情况时，它也会是一种幸运。尽管从客观的角度来说，大部分危机的确就是危机，但是也可以看到这样一种情况，有些危机会使得市场格局重新被界定。对于可以利用这种格局的团队而言，危机就并不是有害的。

3.在危机中同样可以逆势增长

在危机中带领团队逆势增长并非不可能，已经有很多的企业和团队用实际行动证明了这一点，假如增长是从内心激发出来的一种信念，它就不会受危机的影响，也不会受环境的制约。所以，管理者只要能够激发出逆势增长的信念，并和团队成员达成共识，逆势增长就完全有可能，尤其是在渡过危机之后，团队的增长将更为迅速。

 森舟心得

　　危机常在，而巧渡危机的智慧并不是每个创业者都具有的。作为一个优秀的创业者不但要善于应对危机，化险为夷，还要能在危机中寻求商机，趁"危"夺"机"。

第十四章

驾驭人脉，人脉助你赢得财脉

马云教给我的创业人脉课

马云说：一个创业者一定要有一批朋友，这批朋友是你这么多年来诚信积累起来的，越积越大，像我账号上的财富，这就是每天积累下来的诚信。

找到创业贵人：创业的关键处，离不开贵人相助

我很荣幸有缘与孙正义先生握手。

——马云

2015年12月1日，当兵十年的赵涛涛光荣退伍。刚退伍的赵涛涛回到了陕西老家之后，有很长一段时间都处于迷茫的状态，在老家，他没有资源、也没有人脉和资金，可以说是什么都没有，一切都需要从头再来。在经过了很长一段时间的消沉后，赵涛涛一次偶然在网上看到了我有关微信营销的讲课，于是便马上添加了我的微信号，与我联系上之后表达了自己也想做微商的想法。我做微商就是想带领更多的人走上致富之路，何况又有过同样的入伍经历，所以，和他在微信上聊了几次后，我便提出见面的要求，希望与他深入地聊一聊。

2016年1月10日，我与赵涛涛在北京见面后，一起交流了许多关于微信营销的看法。我告诉他，微商这几年来在国内非常火爆，特别是现在网络的普及率越来越高并且网民的数量越来越多，微商的发展前途也越来越大了，而且作为一种线上营销的模式，微商有着很多传统营销方法所不能比拟的优势，比如单单是从销售渠道来讲，微商就比传统的线下营销更为广泛，更别说利用网络的优势发展人脉了。最后，赵涛涛接受我的意见，加入了微商行列。

结果，不到两个月的时间，赵涛涛就创下了业绩达到10万元的不菲成绩，这不仅令他自己又惊又喜，身边的朋友们也都对他刮目相看。他专门打电话向

我表示感谢，直说我是他生命中的贵人，给他指明了人生的发展道路。

其实，赵涛涛之所以取得成功，主要是他个人的努力，我算不上什么功臣，但我也能理解他的想法，在创业的关键时刻，如果有贵人能给予指点或帮助，之后的路往往会好走许多。在我的人际关系网中，只要对我经营有利的人，我都会尽力结交，利用好这一资源，让我少走了很多弯路，而这些人中，马云无疑是我一生最大的贵人。

同样，马云的创业之所以能取得成功，也离不开贵人的帮助，而其中对他帮助最大的贵人应该是软银集团的孙正义，甚至有人认为没有孙正义，马云就不可能取得成功，这固然是夸大之辞，但由此也可见孙正义的确是马云的贵人。

孙正义一手创建软银公司（Softbank Corp），是当今数字化信息革命的英雄，被喻为"日本的比尔·盖茨"。他在不到二十年的时间内，创立了一个无人相媲美的网络产业帝国。他的这个帝国并非是受其统治的帝国，而是一个由他支持扶助的高科技产业帝国，他不是在自己独自享受，而是为使更多的人掌握高科技信息，贡献出他的智慧与才能。

孙正义在全球互联网界，可以说，是一个"神"一样的人物，他以一己之力掀起日本的互联网风暴，又独具慧眼地选择重金投资雅虎，在43岁时，成为亚洲首富，总资产高达3兆日元。阿里巴巴、当当网、携程旅游网、盛大、网易等在中国炙手可热的网站，都有他的投资。美国《商业周刊》杂志把孙正义称为电子时代大帝（Cyber Mogul），推崇至上。凡是了解他的人，和他共事的人，都认为孙正义不愧此称号。

2000年10月，摩根士丹利亚洲公司资深分析师印度人古塔给马云发来了一封E-mail，称有个人"想和你秘密见个面，这个人对你一定有用"，地点就在北京富华大厦。古塔所说的这个人正是孙正义。

在这次会见中，来自软银、摩根士丹利以及国内众多互联网企业的CEO均在座——有人为中小企业融资而来，有人为投资而来。由于前来面谈中小企业融资事宜的企业太多，孙正义只给每个人20分钟时间阐述公司业务规模、商业模式和目标。

看到这样的情形，马云对这次会面的兴趣就淡了一些。但当投影机调出阿里巴巴网站的页面后，马云还是耐心地向孙正义陈述了阿里巴巴的情况。6分钟以后，他被叫停。

孙正义饶有兴趣地这样问道："你要多少钱？"

马云回答："我不要钱。"

"不要钱你来找我干吗？"孙正义有些诧异地问道。

"不是我来找你投资，是朋友让我来找你的。"马云的回答有些孩子气。

这样的对话，现在看来是非常具有戏剧性的。而真正戏剧性的并不只是这段简短的对话。尽管此前马云刚刚获得了500万美元的投资，但是在那个互联网投资疯狂的年代，500万美元又算什么呢？无数网络公司都在为融到更多的钱而对投资商努力展示自己的魅力，只有马云例外。但或许正是马云这种反常的回答，刺激了孙正义，他决定投资阿里巴巴，并诚恳地邀请马云去日本和他详谈。

2000年底，经过和马云多次接触和对阿里巴巴的深入了解之后，孙正义决定向阿里巴巴投资3000万美元。3000万美元在当时是一个非常巨大的数字。这条新闻在当时的互联网界引起了轰动，人们都认为这下马云和阿里巴巴是交上了好运。可马云就是这样与众不同，在经过一段时间的思考后，他做出了出乎所有人意料的举动，他竟然对孙正义在国内的助手这样说道："我们只要足够多的钱——2000万美元，太多的钱会坏事。"孙正义的助手听到马云竟然说出这样的话，当即暴跳如雷，认为这太不可思议了，这个马云实在是太不识抬举了。随后，马云向孙正义说明了这件事。

对于孙正义，有人这样评价："他几乎是一个让人无法拒绝的人。"因此向孙正义说"NO"是需要极大勇气的，而马云无疑就是具备这种勇气的人。

最终，孙正义选择了让步，答应了马云的要求，而这也是他投资经历中最大的一次让步。2001年1月，经过一番协商之后，软银与阿里巴巴正式签约，由软银投入2000万美元帮助阿里巴巴拓展全球业务，同时在日本和韩国建立合资企业。自此，阿里巴巴开始进入全面发展阶段。由此可见，孙正义的确是马云和阿里巴巴的创业贵人。

对于有创业倾向的人来说，如果选择独自打拼，那么创业路走得必定艰辛，但是如果能够遇得贵人相扶，那么你的事业想必会更加顺风顺水，少一些弯路！在缺少资金和经验的情况下，创业者应该培养一种持久的人格魅力，不要轻易去得罪人，学会与人为善，大方慷慨等为人处事的技巧，才不会与贵人擦肩而过。

森舟心得

在经商的人际关系网中，只要对经商有利的人，都可以成为你的贵人。然而大多数人却很少向身边的人学习经商的经验和技巧，而忽略这一资源的富有性，往往会导致你经商多走很多弯路。

投资人情生意：世界不属于有钱人，而是属于有心人

> 这个世界不是属于有权人的，也不是属于有钱人的，而是属于有心人的，因为有心才能创造财富、积聚权利。
>
> ——马云

俗话说得好：在家要靠父母，在外靠朋友。创业就得投资"人情生意"，只有做好这笔生意才能编织好自己的人际关系网。所谓投资"人情生意"，说简单点，就是在生意之外多了一层相知和沟通，能够在人情世故上多一份关心，多一份相助，即使遇到不顺当的情况，也能够相互体谅，"生意不成人情在"。

我认识一位商场前辈，就是通过投资人情生意创业成功的。这位前辈是福州一家笔庄的老板，2000年开始在福州创业。刚创业的那段时间，这位前辈的情况十分窘迫，迟迟打不开局面，但他也并没有放弃，而是经常去杭州的各个画廊、美术院校，只要有机会就给别人看他的笔。正当他四处碰壁、万般无奈的时候，改变他命运的人出现了。

某一天，这位前辈在一个画廊里寻找客户。当时。福州某画院的一位副院长正好也来画廊参观，他看这位副院长气度不凡，就拿出一支上好的毛笔要送给他，副院长看后感到很惊讶。这次巧遇使副院长对他的笔产生了浓厚的兴趣，以笔会友，两个人在研究笔的过程中结下了深厚的友谊。为了让更多的人了解他的笔，副院长决定帮他开一个笔会，并免费提供场地。通过笔会，这位

前辈认识了福州画坛更多的朋友。时间久了，通过书画家们和客户间的相互介绍，他的笔庄在福州渐渐有了名气。

不久后，这位前辈将他的笔庄开在一个冷清的文化用品市场二楼的拐角里，气氛虽然冷清，但他却有他的目的。喜欢毛笔的人都是一些文人，不喜欢很热闹的地方，书法家、画家来这一看就会觉得比较高雅，地方也比较宽敞。有时他还会经常给顾客试笔，如果环境很吵闹，试笔的感觉就出不来，那么在清静的地方，就不会打断他的思路，也能感觉到这个笔质量如何。后来这位前辈的生意越做越大，到如今，已经拥有三四个笔庄、一家工厂，成为福州颇有名气的"文化型富豪"。

其实，做生意投资人情，谈的就是一个"缘"字，彼此能够一拍即合，但要保持长期的相互信任、互相关照的关系也不那么容易，创业者仍然需要不断进行"感情投资"，上文中的这位前辈在这一点上就称得上是楷模，先是送笔给画院副院长，后面又不断与书法家、画家维持好关系，这才让自己的生意越做越大。

商场上，各自都为各自的利益，人与人交往不能不防，所以很容易互相起疑心。情场上，最爱的人常常会变成最恨的人，这在商场上也屡见不鲜。相互最仇视的对手，往往原先是最亲密的伙伴。反目为仇的原因，恐怕谁也说不清，留下的都是互相指责和怨恨。

走到这一步是一些创业者忽略了投资"人情生意"的结果，甚至已经忘掉了这一点。

生意场上的许多人都有这种毛病，一旦关系好了，就不再觉得自己有责任去维护关系了，往往会忽略双方关系中的一些细节问题。例如该通报的信息不通报，该解释的情况不解释，总认为"反正我们关系好，解释不解释无所谓"，结果日积月累，形成难以化解的问题。特别是人们关系好之后，总是对另一方要求越来越高，总以为别人对自己好是应该的（因为我们关系好），但是稍有不周或照顾不到，就有怨言（怎么能这样呢？要是别人还可以原谅，但我们是朋友啊）。由此很容易形成恶性循环，最后损害双方的关系。

可见投资"人情生意"应该是经常性的。在商业交际中不可没有，在其他任何时候，任何地点都不能没有，人情如同人际关系中的"盐"，缺之一切都会淡然无味，更不用谈有很多朋友了。一个成功的创业者应该懂得把人情生意做得恰到好处，这样才能让自己的事业更加顺畅。

具体来说，我认为，创业者的人情投资应遵循以下几条比较切实可行的原则。

1.当你手中拥有几张初交者的名片时，你必须迅速出击，把它充实为十倍、百倍。它将是你人际交往的生命线，是随时可以启动和挖掘的"存货"。这一方面的难点是突破清高顾面子、不主动与人交流的心理障碍，要点是不可太急于将陌生人变为客户，而需要慢慢"和面"。生意之道是慢工出细活，不能操之过急，交朋友也是如此，要有耐心，通过事实、时间来争取别人的理解和信任。

2.要做到细节真诚，而细节的真诚又来源于内心的真诚。"以财交者，财尽而交绝；以色交者，色衰而爱移；以诚交者，诚至而谊固。"从某种意义上说，客户至上并不是说给客户听，而是说给自己的内心听，让内心将其消化，然后散发到点点滴滴的行动中，"润物细无声"这一点的关键是对对方的理解。理解后才能真诚相待，才能平平淡淡地把人情做到点子上，让人真正感到你的友善。那种热情夸张、殷勤过火的行为，反倒显得勉强、不够真诚。

3.要树立你的个人口碑，进而树立你的企业形象。通过品德的修炼、对惯例及规范的秉持，慢慢积累你的影响力。直到大家众望所归，说你这个人很不错，处理问题极其到位。这个时候你的社会资源就非常多，就会有为数不少的人有意无意地捧你、支持你，你的才能就能得到最大的施展。

森舟心得

　　人是有情之灵物，人人都难逃脱一个"情"字。尽管在商场上素来有"认钱不认人"之说，但是"人情生意"却从未间断过。鸟可为食而亡，人亦可为情所动，凡是经营成功的总经理大多都善于投资"人情生意"，编织自己的人际关系网，这使得他们能在复杂的商场上游刃有余。

提升自我价值：将自己打造成潜力股

昨天你对我爱理不理，今天我让你高攀不起。

——马云

我有一个做理财生意的朋友，有一次聊天谈及人脉的话题时，他曾做了一个让我印象深刻的比喻。他说："经营人脉就像炒股票，都是买涨不买跌的：赶上'牛市'，大家都会来买你的人情；遇到'熊市'，你就只有遭挤兑的份。"

有句俗话说得好："世界上没有永远的朋友，只有永恒的利益。"我们无法否认的一点是，在社会中，多数情况是别人之所以愿意和你结交，是因为你能够给他带来利益，别人如果不知道你能给他带来什么利益，也就很难成为你的人脉。所以我认为，要想拥有良好的人脉，首先就要将自己打造成"潜力股"，也就是说，要提升自己的"可利用价值"。

由学徒发展成洲际大饭店总裁的罗拨·胡雅特，他的经历就说明了把自己打造成"潜力股"的重要性，而他也被诸多学子所敬仰。

胡雅特是法国知名的观光旅馆管理人才。可是他初入行时，对工作没有任何兴趣，每天浑浑噩噩，导致业绩低下。后来，他的母亲说服了他，胡雅特参加了饭店业的训练班，结果以第一名的成绩毕业，并进入巴黎的柯丽珑大饭店工作。

胡雅特从当侍应生开始做起，他知道观光饭店接待的是各国人士，必须要有多种语言能力才能应付自如。于是，他在工作之余，开始自修英语。3年之后，柯丽珑大饭店要选派几个人到英国实习，胡雅特被录取。实习结束，胡雅特由侍应生升为了领班。

有一段时间经济不景气，观光客的数量锐减，饭店的经营陷入了困境。胡雅特利用过去旅客的资料，制作了很多内容不同的信函，分别寄给旅客，让饭店在大萧条时期保证了入住率，平稳度过了困难期。很快，胡雅特被升为副经理。

这时候，在别人看来已经"功成名就"的胡雅特突然决定请假，原来他想去美国了解一下该国的饭店业。胡雅特一到美国，就前往华尔道夫大饭店，说自己想要一个见习机会，并要求从基层做起。结果，他真的找到一份擦地板的工作。

有一天，与胡雅特有过一面之缘的华尔道夫总裁柏墨尔到餐厅来视察，看到胡雅特正在爬着擦地板，不禁大为惊讶。

"你不是法国来的胡雅特吗？"柏墨尔走过去问。

"是的。"胡雅特站起来说。

"你在柯丽珑不是当副经理吗？怎么还到我们这里擦地板？"

"我想亲自体验一下，美国观光饭店的地板有什么不同。"

"你以前也擦过地板吗？"

"我擦过英国的、德国的、法国的，所以我想尝试一下擦美国地板是什么滋味。"

柏墨尔的眼睛里，突然闪起一道亮光，用力注视了他半天，才说："你等于替我们上了一课，胡雅特，下班后，请到我办公室来一趟。"

这次的相遇，使胡雅特得以进入美国的观光事业。自此以后，胡雅特的事业蒸蒸日上，一直做到洲际大饭店的总裁，管理着64家观光大饭店，营业范围遍及45个国家。

　　我十分钦佩胡雅特，人之可贵，就在于懂得自我提升价值，当自己有了足够的能力，人脉自然会自动找上门来。人们都知道，建造大楼时，基础打得越牢，楼就能建得越高、越结实。胡雅特虽然从来没有把"人脉"之类的词放在嘴边，可他无时无刻不在经营自己的人脉。无论是努力学习外语，动脑筋开拓客源，还是亲自体验擦地板，他都在脚踏实地地经营人脉。这是因为，他明白做好本职工作，与经营自己的人脉，其实是一件事，他只有通过提升能力证明自己的"可利用价值"，才能让那些贵人看中他，从而得到更多的成功机会。果不其然，他成功了。

　　有两种人，是很难成为"潜力股"，被他人看重的：一种是做事冲动的人，他们没有自己的主意，看到别人都在做一件事，他们头脑一热也就跟着做了，但最后往往什么也做不成；另一种是只会空想的人，他们想法很多，却从来不努力做，常常痛惜自己怀才不遇，不客气地说，这样的人对于别人没有任何价值。

　　只有脚踏实地的人才能拥有良好的口碑，成为"潜力股"。而这样的人一旦遇到"贵人"，就会被器重，从而成就自己的辉煌事业。那么，如何才能将自己打造成"潜力股"呢？创业者们可能已经在社会上小有名气，甚至已经声名远扬，但是想要得到更多的人脉资源，他们就必须要不断地完善自我，提升自身的"可利用价值"。

　　首先，要明确自己的价值所在，也就是找到自己努力的方向，弄清自己是哪方面的人才，这样才能为自己的名字前加上"关键词"。比如"销售界精英某某"，当有人这样提起你的名字时，常常会给周围的人留下深刻的印象，包括那些一直在渴望人才的"贵人"。

　　其次，还要不断改进、升级自己的"关键词"，培育自己的"个人品牌"。

　　最后，你还可以加入更多的社交圈子，结识更多的朋友。

　　机遇和贵人，是可遇而不可求的，既不是能等来，也不是能请来的，更不是靠投机钻营就能拉来的。所以，只有全力将自己打造成为潜力股，机遇才有可能来到你身边！而那些真正擅长经营人脉的人，其实从来不会将"人脉"挂在嘴边。

森舟心得

　　拓展人脉的最高境界就是让别人来找你。你要想更有效地获得贵人的青睐，就要努力提高自身的素质，让自己变得更有"利用价值"，只有这样才能吸引别人的注意。当你的人格魅力和自身能力提升到一定高度的时候，别人自然就会来找你，这样，你构建人脉的时候就能够事半功倍。

始终坚守诚信：被人信赖，人脉网才牢不可破

> 一个创业者最重要的，也是你最大的财富，就是你的诚信。
>
> ——马云

要让别人觉得你是一个可以信赖的人，最重要的就是做到诚信。诚信就是诚实守信，用更通俗的话说，诚信就是实在，不虚假。诚信是一个人的美德，有了"诚信"二字，一个人就会表现出坦荡从容的气度，焕发出人格的光彩。

自古以来，诚实守信就是一种永恒的人性之美。可以说，诚信的品格是获得成功人生的第一要素，历来被人们所尊崇。诚实守信不仅是一种美德，而且是构筑人脉和拓展人脉的一个基本要求。试想，如果一个人经常出尔反尔，你还愿意跟这样的人交往吗？

诚信是马云招聘人才时的必考题。在很多人看来，像阿里巴巴这样的企业，门槛一定很高，想进入阿里巴巴一定很难。可马云却并不认同这种说法，他认为阿里巴巴对任何有才能的人都是敞开大门的，但前提是，这个人必须是一个讲诚信的人。

在一次业务知识考试中，马云发现包括一个广东的区域经理在内的几个业务员的试卷答案一模一样，存在明显的舞弊问题。对于一贯强调诚信的马云来说，这是触碰了高压线。马云立即将舞弊者全部开除。

马云曾这样说道："商业社会其实是个很复杂的社会，但是只有一样东西，能够让自己把握起来，就是诚信。因为诚信，所以简单。越复杂的东西，

越要讲究诚信。"

而在人际交往中，马云也始终将诚信放在第一位，他说："商界最重要的不是钱，是信用。"

事实上，不只是马云和他的阿里巴巴，无论对哪一位企业家或企业来说，诚信永远是第一位的，没有哪个人能靠欺骗在商场中游刃有余一辈子，也没有哪家百年老字号是靠欺骗来享誉百年的，无论古今中外都是如此。

蔡继有是中国香港新华集团董事会主席，是香港有名的海产大王。蔡氏家族主要经营出口急冻海产品，此外还经营粮油、地产、贸易等业务。新华集团在20世纪80年代后成为大型跨国企业，蔡氏家族资产估值已超过30亿港元。奠定集团贸易坚实基础的是与日本人的海产生意，蔡继有为建立与生意伙伴的友情，牺牲了不少自己的暂时利益，但却获得了更长久的利益。

蔡继有原籍广东中山，1929年生。蔡氏的祖先世代务农，家里一直比较穷。从1950年开始，21岁的蔡继有做起了海产生意。他先向乡亲们赊海产品，运到澳门出售之后再结账，从中赚取差价。1954年蔡继有到澳门做生意，第二年他的妻儿获准到澳门与他团聚。一家人从澳门贩些鱼类、海产到香港去卖。1957年他在香港西环的贝介栏市场开了"华记栏"，做起了渔栏的批发生意。到了60年代，他的生意做得不错，但还只是小富而已。

蔡继有真正大富起来，是在和日本人做海产生意之后。从他的经商之道来看，也是靠诚信赢得别人支持的。

1965年，蔡氏在田湾租了一个大的加工场，把贝壳类的海产急冻，再售给贸易商运销日本。两年后，为了扩大经营，蔡氏购入"华记冻房"，建立起海产急冻业的"桥头堡"。

为了避免中间商从中渔利，蔡继有决定自己直接和日本人做生意。但蔡继有没和日本人打过交道，能否成功心里也没有底。他是那种敢想敢干的人，打定主意后他拿了一袋冻虾样品，径直来到日本一家株式会社驻香港的办事处，拜会办事处负责人。日本这家公司知道蔡继有的来意后，并没有立即表态。

蔡继有耐心地解释为何要不经过中介商而直接与日本人做生意，日本人也知道其中的道理，因为这对双方都有利。但老练的日本商人立即问道："你能给我们什么优惠条件？"

"如果贵公司有意合作的话，我们可以先收八折货价，等你们收到我们发出的货，验收满意后，再缴余款。"

在当时，只付80%的货款是很优惠了，而且剩下20%蔡继有让对方感到满意后再付，更是心诚之表现。日本商人很高兴地握着蔡继有的手说："你的条件确实比一般人优惠，看得出来，你是诚心诚意要和我们做生意。既然对我们双方都有好处，我们决定和你做生意！"

在生意上，蔡继有常常考虑对方的利益，日本这家株式会社的人对蔡继有非常信任，日本人觉得蔡继有讲信誉、重友情，是个难得的生意伙伴，他们之间的生意越做越大。这样，蔡继有成功地打开了直接运销海产品到日本的渠道，生意越做越红火。蔡氏家族的生意上了正轨，此后才真正发达起来。

用诚信经营的蔡氏家族得到了日本商人的肯定和合作，这种信任是用钱买不来的，一个创业者如果想赢得这种持久信任的人际关系，就只有老老实实地靠着点滴建立起来的诚信才能成功。

有的人在人际交往过程中，凭借一两次蒙骗而使自己的阴谋得逞，但这种伎俩绝对不可能长远。俗话说，"群众的眼睛是雪亮的"，这种蒙骗一时的行为迟早会被人们发现。如果你是一个不讲信誉的人，只要有一个人知道，用不了多长时间，所有的人就都会知道，那时候，你就会陷入一个非常难堪的境地，没有谁会主动来和你交往，甚至还会故意冷落你，躲避你。这样，无论你办什么事情，走到哪里，四面八方都会是厚厚的一堵墙，更别希望别人帮你办事了。

　　虽然"不诚实""欺骗""诡诈"被有些人推崇，也会带来一定的近期利益，但最终的后果是严重的。诚信，亏掉的可能只是一时的金钱，赚下的却是一生的信誉。信誉就是财富，而重信誉的人，往往会在众人的帮助中站起来，不会陷入孤立的绝境，只要我们每个人都能够做到诚信，那么我们的人脉关系就会因此牢不可破！

 森舟心得

　　创业者要打造强大的人脉网，就必须高度重视诚信。不重视诚信，不仅会给别人造成损失，同时也会使你失去很多东西，使人们都逐渐地远离你。

第十五章

个人修炼

素质与格局决定创业者的未来

马云说：格局，"格"是人格，"局"是胸怀，细节好的人格局一般都差，格局好的人从来不重细节，两个都干好，那叫太有才！

做有信仰的人：你有什么样的信仰，就会得到什么样的结果

人要有信仰才能够成功。

——马云

创业者无疑是十足的经济动物，他们要么是具有王者风范的雄狮，要么是风格厚重稳健的大象，或者就是性格强悍霸气的狼。在生活上创业者对朋友和伙伴关怀备至，宅心仁厚，但在商场上，创业者是寸土必争，分毫不让。在敦厚的外表下，创业者有着一颗坚强的心，一颗永恒追逐利润的心。这样的创业者，需要有自己的信仰吗？

创业成功的企业家很少跟别人谈企业信仰。一个很重要的原因就是谈及信仰就很可能牵涉到一个人的心灵中最隐秘的东西，也是人性中最软弱的地方。无论是怎样的创业者，都不敢在这个弱肉强食的世界暴露自己的弱点。

一次，马云去参加一个电视节目，当主持人问到关于信仰这个比较隐私的问题时。马云并没有谈具体的信仰，而是谈到了一个亲身经历的小故事。

马云谈到1995年的时候他刚开始做互联网，被别人骂作疯子，四处碰壁，那个时候正好在国外，那天是周末，一个多年的朋友离开，让他感到非常郁闷。这个时候，当地的朋友邀请他一起去教堂，他百无聊赖地跟着去了，在教堂里，牧师讲到了"二战"时期，英国受德国侵略，形势严峻，丘吉尔要发表一个全国广播演讲，所有英国人都在那一天早晨打开收音机，在那次演讲中，丘吉尔留下了一句著名的话"Never Never Never Give Up"，"永不放弃"，我那

个时候就觉得冥冥中是有人在对我说，马云说道。第二年，他在美国，那个时候也是遇到了挫折，也正好碰巧有人请他去教堂，刚好牧师也讲了一些话，也正好鼓舞了那个时候的他。这两次经历虽然看起来偶然，但是却在最关键的时候给了他很大的鼓舞，让他坚持了下去。

这个故事很有意思，在谈到信仰的时候，马云说："我不知道什么是信仰，但是我从开始做互联网，现在越做越大，当时就是想着，如果我不做，别人来做，又做歪了或者做得不是我想的样子，那是很难受的。那个时候我就相信，这个事情如果我不做，别人也做不好，我不知道什么是信仰，但是就是这样的想法让我一直坚持到现在。蒙牛杨总讲他背后有200万奶农支撑着他继续努力做下去，我现在也有几千万网商支撑我必须努力做下去。"

不仅是对这些大企业家有着重要意义，信仰，对于我们每一个创业者，每一个人，都不可或缺。

> 有三只青蛙一同掉进一只装满鲜奶的桶中。第一只青蛙说："这是神的旨意。"于是，它缩起后腿，一动也不动。
>
> 第二只青蛙说："这只木桶太深了，我实在没有办法跳出去。"说完，也同样动也不动了。不久，这两只青蛙都被淹死了。
>
> 只有第三只青蛙没有放弃努力。它想："只要我的后腿还有些力气，我就一定要把头伸到鲜奶上面。"它就这样慢慢地游啊，游啊。忽然，它觉得它的腿碰到了一些硬硬的东西，试试，居然能够站在上面。原来，它不停地游来游去，把鲜奶搅成了奶油。第三只青蛙站在奶油上面，一跃跳到了桶外。

关于这个故事，有很多诠释，其中最重要的一条，认为它讲的就是一个关于信仰的故事，只有拥有信仰的人才可能获得最后的胜利。你心中有什么样的信仰，就会得到什么样的结果。

哲学家萨特曾经说过："世界上有两样东西是亘古不变的，一是高悬在我们头顶上的日月星辰，一是深藏在每个人心底的高贵信仰。"

丹麦哲学家基尔凯郭尔认为，人生有三个状态、三个阶段，一是审美，获得感官需要，而仅此则摆脱不了名利的束缚；二是道德，体验善恶、苦乐，追求善良、正直、节制，如此，也只是个"好人"，而非"完整的人"；三是信仰，有信仰者就会超脱世俗功利，利他助人、奉献社会。

人作为高级动物，总有自己的理想和信仰。古代"女娲补天""精卫填海""嫦娥奔月"的传说，遍及欧美的教堂、中国的庙宇，都蕴涵着人们的某种信仰。

人有了信仰，就是有了精神力量。如果信仰是崇高的，人就会努力使自己成为具有高尚的思想境界和道德品质的人，不断努力去追求自己的理想，塑造一个美好的社会角色。如果信仰是偏差的，那人的人生观、世界观就是扭曲的，这样的人也会为他扭曲的信仰做出疯狂的举动，从而危害自身、危害社会。所以说，人，不能没有信仰。

 森舟心得

　　真正的创业者都看得很远，或者说超越当下的趋利避害的选择，选择的是一个长期的他想追逐的东西，这东西是他的愿景，是他的信仰。

提高自身德行：你的德行中隐藏着公司的未来

商人往往是重利轻义的代名词，而企业家则更多地体现了一
个创业者的综合素质和品德。

——马云

身为公司的领导者，你对你的公司有哪些影响？从传统研究看，组织的创始人对组织的早期文化影响巨大，他们勾画了组织早期的发展蓝图，并将自己的远见和思想强加于或潜移默化地影响组织员工，而文化一旦形成，就不容易消失。

比如阿里巴巴的企业文化，就有明显的马云个人风格，倒立文化、武侠文化、"六脉神剑"的价值观等，都与马云本人思想和认识息息相关。再比如大名鼎鼎的微软公司，它们的文化在很大程度上是公司创始人比尔·盖茨个人特点形象的反映。盖茨本人进取心强，富有竞争精神，自制力很强。这些特点也正是人们用来描述他所领导的微软公司的特点。

公司的领导人对公司文化影响的例子还很多，如索尼公司的盛田昭夫、特纳广播公司的泰德·特纳等。

除了领导人外，公司高层管理者的举止言行也对公司文化有着重要影响，他们通过自己的所作所为，把行为准则渗透到组织文化中去。例如，公司是否鼓励冒险，管理者应该给下属多大自由，什么样的着装是得体的，在薪酬、晋升、奖励方面，公司鼓励什么样的行为等。

所以，有人说，要想了解一个公司的文化，只要看一看领导者和管理层的风格就行了。

而对于创业型公司来说，创业者的自身德行对公司文化的形成更是有着决定性的作用。如果创业者的道德素质不良，那么这家公司的文化就不可能是健康的，公司的寿命也不会长久。在中小型创业企业，尤其是一个人独自创业的私营公司中，可以看得更为明显。因为在这些公司当中，创业者往往就是一切，没人能够违抗他的意志。

在我国，一些私营公司之所以难以健康成长的一个很重要的原因，就是创业者自身的素质、思想、品质等违背社会公序良俗，从而将公司业带入绝境。我将他们的主要行为表现总结为两点，希望创业者能参考自身，有则改之，无则加勉。

1.生活奢靡腐化，作风败坏

很多私营公司的创业者在经历了创业阶段的艰辛之后，很容易放纵自己，认为应该享受一下，因而在生活上不加约束，任意胡为。

许多私营公司的创业者认为钱是自己挣来的，因而丝毫不加珍惜，常常是花天酒地，一掷千金，挥金如土。报纸上经常可见某个老板花几万元住总统套间，几十万元吃一顿饭的报道。这些不切实际的消费与我国目前的经济发展程度是完全不相称的，是一种畸形的消费现象。有些私营公司创业者为了追赶时髦，或为了争面子，不惜重金买一些毫不实用的东西，或是在一些价高质低不实用的消费上花费巨资，以此来显示自己的身份或地位。这些不健康的畸形消费模式在社会上蔓延开去，有不良的示范作用，它对社会的危害是全面和长期的。有许多创业者在赚钱之后开始在生活上腐化，家庭生活也出现了危机。长此以往，创业最终的结果只能是失败。

2.脑子里始终存留传统的封建思想

有人曾经说过，一些私营公司的创业者在暴发之后通常会做三件事：一是在香港的银行开户头，二是为老婆孩子办美国护照，三是回乡修祖坟。

不知是一种什么样的心理或文化现象，使私营公司的创业者大多有信仰宗教和从事宗教迷信活动的经历。许多地方的私营公司的创业者大修寺庙，大建活人坟墓，一时成为风气。某些私营公司的创业者一方面喜欢出没于灯红酒绿的花花世界，另一方面又热衷于搞封建迷信，这样下去，公司迟早会垮掉！

森舟心得

　　人生是一条很长的路，一个创业者或许可以成功五年、十年、十五年，但是德行才是最终使其一生辉煌的，或是经历失败但能再次辉煌的东西。

多与自己较劲：改变别人难上难，调整自己最简单

我们必须在别人改变之前先改变自己。

——马云

我记得国内有位知名企业家说过这样一句话：不管是被迫，还是主动，当我们"与别人较劲"的时候，收获的是零和游戏。当我们"与自己较劲"的时候，你赢我赢，没有输家。

这位企业家说的的确是至理名言，但是，江山易改，本性难移。要与自己较劲谈何容易！而且，由于自己的本性都是长时间以来形成的，已经成了一种习惯。所谓习惯，就是你通常会有的做法，这些做法是让你感觉很舒服的一些做法，一般来说已经融进了个人的生活和血液。要改变习惯，就像是割一个人的肉、抽一个人的血一样难受，何况是自己主动做出改变，这不啻于是一种"自杀"。

所以，很多创业者在经营管理出现问题的时候，首先想到的是改变别人，这一点我在很长一段时间里也不例外。既然改变自己非常难受，像是"自杀"，那出现问题的时候指责别人、希望别人做出改变就是非常自然的事情。但是，这样做的人忘记了，别人也有自己的习惯，与自己改变是一种"自杀"一样，你强迫别人做出改变，对别人来说，其意味就相当于是遭遇"谋杀"一样，他自然会奋力地抵抗、反击。除非你对对方有绝对的权威，可以征服，否则，最后的结果一定是，事情已经忘在一旁，双方互相指责，终究一事无成。

改变自己与改变他人，改变自己与改变环境，改变自己与改变其他，虽然

都非常艰难，但相对来说，改变自己更具有可行性，更具有操作性，也更具有主动性。因为，你虽然不能控制别人的行为，你自己的行为还是由你自己做主的，你是完全可以与自己较劲的。

因此，我认为，正确的做法是，在面对问题的时候，从自身开始考虑，考虑是不是自身的问题，自己能不能做出改变，自己还需要做出什么改变。

苏格拉底说："让那些想要改变世界的人首先改变自己。"

马云也说过："没人能改变世界，改变的只能是自己。"

与自己较劲，就是一个提升自我修养的过程，就是一个使得自己由"小人"向君子转变的过程。完成了这个转变过程，人就成熟了，就会很从容，在和别人共事的过程中，在和别人的合作过程中，在和环境的共处过程中，你都会游刃有余。

与自己较劲的人，是希望改善自己的人，是一个自助的人。他需要面对自己的"伤痛处"痛下杀手，需要自己往自己的"伤口"撒盐。但是，这些"自虐"是不会白白承受的，天助自助者，当他们在改善自己的时候，当他们努力的时候，在一段时间之后，上天也会帮助他们，让他们实现自己的目标，达成自己的愿望。

与自己较劲需要吃苦，但不是吃苦就算是与自己较劲，不是吃苦就能完成与自己较劲。苦要吃，但要吃在点上，要吃在关键处。劲要较在自己不足的地方，这样，苦才不会白吃，劲才不会白较，人才会变得完善、完美。

创业者如果能成功地做到与自己较劲，你就会发现，随着自己的改变，世界好像也在同时做出改变来回应你。你与外界会越来越协调，并最终使得外界与你浑然一体。

 森舟心得

　　你只有调整自己，改变自己，谁也没有能力去改变时代，谁也没有能力去改变别人什么，我们只有这个能力和这个责任改变自己。

培养领导气质：威信是领导气质的最好体现

领导艺术就是不断提高自身威信的艺术。

——马云

作为小有成就的一位创业者，我拥有自己的公司和自己的员工，而且公司规模不小、员工数量不少，但我明白，自己和员工之间是平等的，从这个意义上说，我没有任何特权。我认为，老板手中"赏罚"的权力，必须是在员工认可的前提下产生效果的，说到底是靠不住的，当员工炒老板的"鱿鱼"时，你会发现一切的"赏罚"都会变得毫无用处。那么，你用什么来体现自己的领导气质呢？我认为答案只有一个：威信。

威信是一种客观存在的社会心理现象，是一种使人甘愿接受对方影响的心理因素。任何一个老板，都以树立威信为自己的行为目标。威信使员工对老板产生一种发自内心的由衷的归属和服从感。这有一点精神领袖的味道，实践表明，当一个组织的行政领导和精神领袖重合的时候，那么这个组织的战斗力将得到最大的发挥。当二者不同的时候，组织中的普通人员更倾向于行政领导，优秀人员更倾向于精神领袖。

那么，如何衡量一个创业者的威信呢？下面的"四力"是主要标志：

1.巨大的感召力。命令有人执行；令出则行，禁出则止，一呼而百应，不但接受指挥的群众所占的比重大，而且指挥的灵敏度很高。

2.磁石般的亲和力。成为一个被欢迎的角色，使员工能主动接近你，主动缩短心理距离，乐于向你袒露心胸，乐于听你的教诲。

3.无形的影响力。你的语言、行动、举止、装束等都成为员工乐于效仿的。尤其是你的价值判断、思维方式和行为方式会对员工产生决定性的影响。

4.向心凝聚力。员工以一种归属的心理凝聚在老板周围，乐于接受以老板为核心的组织结构。

关于威信这个问题，大多数朋友对威信的理解都有其偏颇之外，下面是几种常见的误区，我建议创业者在管理实践过程中一定要加以避免：

1.以"压服"为威信。这其实是一种封建家长制式的东西。有些创业者认为威信就是我说你听、我令你做，不得违背，习惯于用权力来压服员工，甚至于"牛不喝水强按头"。如有稍悖，就轻率地采用惩罚措施。这种"威信"必然只是表面上的，如果你想培养自己的员工阳奉阴违的能力，倒不失为一种好方法。

2."好感"就是威信。这与压服式的"威信"是一种截然相反的观点。有些创业者充当一种"老好人"式的角色，他们不敢冒丝毫触动员工利益的风险，为了不得罪人的目的而到了一种姑息迁就的程度。但好感绝不等于威信，好好先生是做不了现代企业的创业者的。

3.以"清高"为威信。有的创业者认为，想要树立威信就要时时处处显得与众不同，尤其要显得比员工高明。其实，这毫无必要。举个例子，某厂长一次下车间巡视，指出一车工技术粗糙，该职工微有不服之态。此厂长二话不说，换上工作服，上车床操演起来，果然又快又好。一时围观者为之叹服。如果事情到此为止，那么不失为以行动树立威信的范例。错就错在该厂长以下的言行。大概得意忘形，该厂长竟一拍胸脯言道："技术不比你强，我敢做这个厂长吗？这不是吹牛，无论车钳铆焊，只要有谁的技术比我好，我马上拱手让位。"这位厂长把威信理解为轻狂了。这种狂傲反倒是给人一种极端不自信的感觉，显然，他并没有对自己作为一厂之长的工作性质和存在价值有一个清楚自信的认识，他把自己降为一个和员工比技术的角色。据说，后来真有一好事的员工要和此君比试焊接，该厂长自知失言，并未应战。此事在当地企业界传为笑谈。

4.以"神秘"为威信。我的一位朋友在和我聊天时，引用了孔子的"近之则不肖"来说明威信来自于距离感，一个创业者应以神秘的面貌出现在员工面前。这个朋友的话好像有一些道理，人们对未知的东西的确会产生敬畏心理。但这位朋友也许不知道，人们对未知的东西是没有安全感和归属感的，而这二者都是威信产生的基础。尤其，当一个创业者为了神秘而神秘，为了威严而威严时，就会显得不伦不类。千万不要低估员工的判断力，故弄玄虚对己而言是一种无自信的表现，对人而言是一种愚弄，绝不是长久相处之计。

5.以"说教"为威信。首先，必须承认善于言辞表达是一项优秀的创业者素质。但正所谓言多必无信，有些创业者片面地认为在各种场合多讲话、多演说会树立自己的威信。一言堂式的谈话必然会沦为一种说教。言不在多，而在于能切中要害，打动人心。善于表达自己意见的人必须首先是一个能让对方愿意开口说话的人。

6.以"刚愎"为威信。有缺点的人能不能树立威信呢？当然能。而且，勇于承认和改正自己缺点和错误的人更容易赢得别人的尊重。有许多创业者都有护短的倾向，他们明知自己错了，却不许员工议论和反对。这是一种"虚荣"心理在作怪，当这种虚荣上升到一种偏执的程度，便会表现出一种神经质的刚愎自用来。其实，这种表面"刚"，恰恰是内心无"刚"、缺乏勇气的表现。著名心理学家阿德勒说过："从一个人看待别人的错误的方式上可看出他是否宽厚；而从他对待自己错误的方式上则更可判断他是否独立与坚强。"能对个人行为负责的人是一个合格的人，而能对群体责任主动承担的人便是一个优秀的创业者了。

 森舟心得

要培养出领导气质是不容易的，首先就是要有威信，让员工觉得你可信赖，可学习，愿意跟着你干。否则，你就很难得到员工的认可，更不用说创业成功了。

第十六章

要么电子商务，要么无商可务

马云教给我的创业电商课

马云说：电子商务最大的受益者应该是商人，我们该赚钱因为我们提供工具，但让我们做工具的人发了大财，而使用工具的人还糊里糊涂，这是不正常的。

B2B模式：中小型创业者的福音

必须把B2B作为阿里未来发展的重中之重。

——马云

B2B是指企业对企业之间的营销关系，进行电子商务交易的供需双方都是商家，它们借助互联网的技术或各种商务网络平台，完成商务交易的过程。

B2B的概念源起于市场经济成熟的美国。美国等国家的B2B面向大企业，他们为买家省时间，以软件服务为主，再从软件打向社区。而马云于1999年在中国杭州创立的国内首个电子商务网站——阿里巴巴，这个B2B企业与国外的B2B并不相同。阿里巴巴面向中小企业，通过建立虚拟社区，服务中小企业和供应商，阿里巴巴不是帮着小企业省钱，而是帮小企业赚钱。

马云给阿里巴巴的定位就是帮助中小企业在网站搜集其他人的信息，在网上促成交易，从而把企业的产品推到全国，推向世界。

20世纪末，电子商务在美国兴起，一批面向大企业，以软件手段帮助实施E化（互联网化）的B2B企业诞生并迅速走红。比如Verticalnet、Ariba、Commerce One等B2B企业。当时全球互联网所做的电子商务，基本上是为全球顶尖的15%大企业服务。

但马云并不认同"阿里巴巴是一家电子商务公司"的说法，他更倾向于认为"阿里巴巴是一家商务服务公司"，他认为，电子商务是一个工具，而阿里巴巴是个服务公司。

　　马云倡导把电子商务还给商人，这就是让商人来决定需要什么样的电子商务。用商人能听懂的语言，开发商人能使用的技术，让商人来控制电子商务的发展。电子商务就是利用先进的技术，增加贸易机会，提高生产和贸易效率，降低生产和贸易成本。再好的技术，再完美的产品得不到市场的认可，就不会对社会生产产生影响。因此，一个产品、一种服务的好坏不是由评论家或媒体来判断，而是要看企业是否从中获益。

　　而要在中国发展电子商务，应该采取哪种模式呢？

　　在世界商业舞台上，中小企业一直扮演着"弱势群体"的角色，而这种情形在以出口导向型经济为主的亚洲尤其明显。亚洲是全球最大的出口供应基地，中小型供应商密集。然而，如此多的中小企业，面对国际和国内市场，自身却无力投入大量资金进行市场推广。许多小出口商由于渠道不畅而被大贸易公司所控制，面临着难以打开市场的难题。理由很简单，大企业有自己专门的信息渠道，有庞大的经销机构，有巨额的广告费用于产品和品牌的推广，而小企业几乎什么都没有。

　　中国人口多，中国企业最大的商情是中小企业云集。在中国，中小企业最需要帮助。因此，马云认为，借助互联网能够并且应该肩负起帮助中国企业出口的使命，用互联网为中小企业服务，中小企业才是最需要互联网的人。只要通过互联网，这些小供应商就可以在全球范围内寻找客户。只要通过互联网，这些小公司就可以把他们的产品带到欧美，带到世界的任何一个角落。

　　马云给阿里巴巴定下的发展方向是：为全世界的商人建立一个全球最大的网上商业信息交流站点，为中国、亚洲乃至全世界的中小企业服务。就这样，马云放弃了15%的大企业，只做85%的中小企业的生意。他决定"做中小企业的解救者"，"让天下没有难做的生意"。这就是马云对阿里巴巴的期望。

　　对于中国的广大企业来说，缺乏市场信息还是很大的难题。互联网则给他们提供了一个很好的工具。今天中国的企业家需要信息，阿里巴巴的价值是可以让全世界的商人直接联系。如今阿里巴巴的会员中，除了中国、美国和欧洲以外，还有印度、巴基斯坦等国家的两万多名会员，他们的活跃程度令人惊叹。

亚洲的独特模式以及发展中国家的独特模式，都是以中小企业为主的B2B模式的发展。

中小企业特别适合亚洲和发展中国家，发达国家讲资金和规模，而发展中国家在信息时代不是讲规模而是讲灵活，以量取胜。阿里巴巴每年的续签率达到75%，要知道中国的中小企业年死亡率已达15%，他们续签首先说明他们已经存活下来了。

阿里巴巴这种为商人与商人之间（B2B）实现电子商务而服务的模式已被硅谷和互联网风险投资者称为互联网的"第四种模式"，与全球著名的雅虎门户网站模式、亚马逊B2C模式和eBay的C2C模式并列。事实上，美国也曾有B2B电子商务网站，但并没有成功，而中国的阿里巴巴却成功了。从这一点上说，阿里巴巴无疑是全球互联网市场上独一无二的创新模式。

伴随着阿里巴巴的成功和众多互联网企业的崛起，B2B的概念已经不再新鲜，但对于创业者来说，要想以此模式创业，就必须对其有足够深刻的认识，否则，就很容易吃亏。

B2B模式有众多优点，可以帮助企业实现上下游产业整合，以企业为核心，将产业上游的供应商、下游的分销商、物流商、零售商以及合作的金融机构等都进行了系统全面的优化整合，构建一整套的电子商务供应链网络，能够有效消除不必要的运作和消耗，提升供应链效率。

不过，很多创业者并不一定了解自己所在的行业是否适合B2B模式，对行业上下游的产业链条缺乏足够的认识，对于B2B模式要有哪些功能、平台是自营好还是撮合好等问题也一知半解或者完全不清楚是怎么回事。

一般认为，B2B模式比较适合垂直市场，比如，大宗商品类的煤炭、钢铁、化工等，其他商品如母婴、服饰、农产品等，垂直属性也比较强，你要买煤炭，那这个B2B平台上就只有煤炭，不会出现钢铁，反之也是一样。

至于B2B平台要具备哪些功能，总的来说，B2B模式是企业对企业的交易，交易数额高、交易量大、交易频次低，所以B2B电商的消费更理性，与此同时，风险也更大，这就需要创业者有足够的风险评估能力。

关于B2B模式的平台是选择自营还是选择撮合。我认为这需要创业者根据自身的业务范围来选择。自营就是企业可以自己在平台上交易自己的产品，如京东；而撮合则是站在第三方的角度，为平台上有供求需要的企业客户撮合，让彼此达成交易，自己则收取佣金获利。这两种平台，没有优劣之分，哪种适合自己，能够盈利，那就是最好的选择。

选择B2B模式，创业者除了对上面这类基本知识点需要有所认识外，结合当下B2B模式的现状，我认为还应该认识到以下四个关键点：

1.市场规模不能太小

B2B解决的是流通效率里面的信息匹配效率、物流、交易过程中体验的提升，如果本身这个行业整体体量偏小的话，那么就很难支撑起大型的交易平台，创业者能够在中间产生的价值和利益也就是比较有限的。比如，煤炭、钢铁、塑料等都是万亿级市场，形成B2B交易平台比较容易，利润自然也大，而相比之下，玻璃的市场规模较小，形成B2B交易平台较困难，利润也就相对较小。

2."夕阳行业"别进去

随着产业结构的进一步升级，一些行业正在变为"夕阳行业"，市场规模不断缩小，在可预见的将来会不断衰减下去，在这样的领域选择创业，其成功率之低是可想而知的。这里需要特别指出的一点是，一些基础产业，比如钢铁、纺织等传统产业，因为下游的市场十分广泛、行业体量也足够大，所以，虽然也算是"夕阳行业"，但这样的B2B交易平台不会受到太大影响。

3.团队很重要

创始团队对B2B业务模式的理解和熟悉程度，决定了这条路能走多远。因为只有把业务模式彻底想通了，创业者才能知道需要什么样的人，招到这样的人之后，才有可能为公司创造更大的价值。

4.融资时要能表达清楚自己的模式

不是所有投资人都明白B2B的行业属性和创业者所选择的B2B项目，因此，用什么样的方式将自己的模式讲清楚、讲透是非常重要的，在讲解模式时，要尽量用简单易懂的方式来表达：行业的规模，行业有哪些痛点，我们如何解决，为什么只有我们能做而别人做不了。

森舟心得

  创业要成功很难，在B2B市场创业尤其难，因为它在前期不仅需要不少的成本，还需要一定的经验和专业知识，以满足客户的需求。但是，如果能够在此领域创业成功，那回报也要远远大于普通的创业项目。

C2C模式：低成本运作的最佳选择

> 我进入C2C，是为了防止它杀入中国的时候我没有防御
> 能力。
>
> ——马云

C2C是指消费者个人间的电子商务行为。比如一个消费者有一台电脑，通过网络进行交易，把它出售给另外一个消费者，此种交易类型就称为C2C电子商务。淘宝就是典型的C2C平台。

2003年，全球电子商务巨头eBay已成为年收入超过33亿美元、用户超过1.2亿、在约30个国家拥有本地站点的全球最大的C2C网站。

2003年，eBay完全收购中国C2C老大易趣（成立于1999年），当时的易趣已经占领了中国80%以上的C2C市场份额，此次收购无疑实现了强强联合。事实上，eBay早在2002年就以3000万美元收购了易趣三分之一的股份，在2003年eBay以1.5亿美元的价格收购了易趣余下的股份，并宣布将继续增加对中国市场的投入。

马云意识到，全球C2C老大eBay一直都没有放弃B2B业务，为了防御eBay独霸中国C2C市场以及向B2B扩展危及阿里巴巴的地位，马云决定建立淘宝，进军C2C，向eBay易趣挑战。

2003年5月10日，阿里巴巴投资1亿元创办淘宝网，正式进入C2C领域，它是一种消费者对消费者的网上交易模式。

马云认为，C2C与B2B和B2C模式相比，它的成本较低，是一种人人都可以做的商业模式。马云也认识到，在C2C市场，中国电子商务可以迅速发展，但一家企业是打不开中国电子商务市场的，所以以阿里巴巴投资1亿元建立淘宝网。

在马云看来，电子商务今后很难再标准地分为B2B、B2C或C2C，电子商务实际上是一个平台，既然可以建一个B2B的平台，就也可以建一个C2C的平台，所有的技术和构思都差不多。

马云当时的做法让很多人难以理解，很多人对他进入C2C市场都提出质疑。但随后不久，阿里巴巴抢入被eBay中国垄断了90%份额的中国C2C市场，推出以免费为口号的淘宝网。创办淘宝网时，马云重新定义C2C，由eBay易趣的"个人拍卖"改为个人交易网站。

阿里巴巴的C2C是为买卖双方提供一个在线交易的平台，这种模式更适合中国人，因为中国人喜欢讨价还价，C2C的个性化、质优价廉是消费者更高层次的追求。C2C使卖方可以主动提供商品上网拍卖，而买方可以自行选择商品进行竞价，正好能满足消费者的需求。

的确，C2C的优势是明显的。

从理论的角度讲，C2C可以说是最能够体现互联网的精神和优势的，地域不同、时间不一、数量巨大的买方和同样体量的卖方通过同一个平台找到合适的对家进行交易，这在传统商业领域几乎是无法想象的。摆脱了时间和空间的限制后，大量沟通成本得到节约，其中所体现出的价值是极为明显的。

从操作的角度讲，C2C也具有很大的优势。首先，C2C能够给消费者带来最大的实惠。在传统商业中，卖方往往拥有绝对定价权，消费者的议价空间极为窄小，还容易吃亏上当。而C2C拍卖网站的出现，则使得消费者也有决定产品价格的权力，而且可以通过相互竞价，让价格变得更具弹性。掌握了议价的主动权后，消费者获得的实惠自然是巨大的，对这种模式的认可和欢迎也是不难想象的。其次，C2C的各种打折、让利活动能够充分吸引消费者，对于有明确目标的消费者，他们会受利益的驱动而频繁光顾C2C；而那些没有明确目标的消费者，也会为了享受购物过程中的乐趣而流连于C2C，对于他们而言，这是一种很好的休闲娱乐方式。所以，从"引流"的角度来说，C2C也是一种非常吸引注意力的商务模式。

也正是因为优势明显，对于有志于通过电商创业的人说，C2C无疑是一个主要选项，淘宝上的众多卖家，包括我在内，最初都是选择的这个模式。那么，选择C2C创业，需要注意哪些环节呢？

1.产品供应链。在传统交易中，产品和用户是主要的核心因素，所有的商业交易都是因为这两者而存在。而在C2C模式中，核心因素则是供应链。有了良好的供应链，才能保证商城有良好的产品，才会在市场中具备竞争力，所以供应链的优势是产品的根本。

2.自我定位。在保证了供应链优势的基础上，接下来就是对自我进行定位了。定位就是根据自身产品的基本信息（如品牌和材料等），去定位目标人群以及销售的规模。只有做好自我定位，才能更好地把握市场。否则，结果就会是竹篮打水一场空。

3.模式搭建。经过了上面的两个环节之后，才是真正地建立C2C商城。一般来说，普遍和可靠的就是选择服务商公司，如淘宝、天猫的系统，让他们进行搭建，省时省力的同时，还稳定可靠。

4.运营推广。当商城系统搭建好之后，最重要的就是运营推广了，也就是通过各种推广方式去引流，然后再转化为用户。

5.售后服务。只有在进行了推广和营销之后，依旧可以进行优质的售后服务的C2C商城，才能够持续长久地经营下去，并且盈利。所谓的售后服务，一般包括物流配送、老客户回访、会员制度等。

 森舟心得

从电商发展的趋势来看，C2C模式可以作为创业初期的一种策略，但不能以此做长远打算，这是创业者必须注意的。

B2C模式：多一点耐心，多一点勇气

阿里巴巴最终要考虑的就是在B2C领域的缺失。

——马云

B2C是英文Business-to-Consumer（商家对客户）的缩写，而其中文简称为"商对客"。"商对客"是电子商务的一种模式，也就是通常说的商业零售，直接面向消费者销售产品和服务。这种形式的电子商务一般以网络零售业为主，主要借助于互联网开展在线销售活动。

在2005年6月接受媒体采访时，马云说："阿里巴巴已经在B2B、C2C两个领域做到全国最大，其中，淘宝网C2C业务占据了70%以上的市场份额，其优势还将不断加强，所以阿里巴巴最终要考虑的就是在B2C领域的缺失。"

大约一年之后，2006年5月10日，阿里巴巴集团正式宣布进军B2C业务，成立淘宝商城。至此，马云完成了使阿里巴巴集B2B、B2C、C2C三种模式于一体的电子商务互联网企业的目标。

2008年3月28日，阿里巴巴B2C平台测试已经结束，当天起B2C业务正式上线开始试运营。4月10日，阿里巴巴将正式对外发布启动B2C平台。经过前两年的摸索，淘宝B2C平台——淘宝商城为B2C业务开展积累了较为丰富的经验，淘宝B2C业务将真正成为企业和品牌经销商们的乐园。

2012年1月11日上午，淘宝商城正式宣布改名为天猫，发展到今天，"天猫"已经成为全球B2C电商模式的翘楚。

电商表面上看着是挺简单的事情，事实上却是一桩十分复杂而又充满挑战的生意，尤其是B2C。为什么B2C是电子商务里最具挑战的呢？

首先，我们来看一下"一家B2C电子商务企业从萌芽到正常运营"的基本步骤，具体如下：

1.规划期：产品规划、平台定位、品牌策略。

2.建设期：平台建设，包括产品发布系统、会员管理系统、订单处理系统、支付工具、ERP、仓储物流管理系统等。

3.生产期：生产管理和销售规划。

4.运营期：产品摄影、网站编辑、美工设计、市场推广、售后服务、仓储管理、物流管理。

以上这些环节是B2C电子商务发展过程中不可或缺的，每个环节又可分为许多小的环节，而每个小环节都需要在后期的运营过程中不断优化完善才能使企业健康地发展下去。说了这么一大堆，意志力薄弱的创业者肯定已经看不下去了，那我这里不妨再"雪上加霜"一下。京东商城的创始人刘强东曾说过："10年10亿才能做好电子商务。仅是信息系统的开发这一项，没有2~3个亿是做不出来的。"看到这数字，想想时间，再看看自己的钱包，基本上对于每个想选择通过B2C创业的人来说无疑都不是一件容易的事情。

当然，如果你有足够的资本，现在选择B2C创业的话，从大环境来看，B2C近两年刚刚成为电子商务行业的主流，尚处于行业混战阶段，还是有很大发展空间的。另外，创业者也可以通过一些方式方法避开一些没有必要的开支，并根据企业自身发展的阶段性需求有次序地来完善自己的B2C体系，比如，在平台建设、物流、仓储建设等方面选择外包，就都是很好的节省成本的方法。

总之，作为创业者，选择进入强者如林的B2C领域似乎已经不合时宜，但正如马云所说："大象踩不死蚂蚁的，只要你躲得好。"虽然强者拥有许多创业者无法比拟的优势，但是只要创业者能够找到一个适合自己的切入点，无论那些强者如何财大气粗、兵多将广，也都不用放在心上，做好自己的事情就可以了。世上无难事，只怕有心人，只要你能坚持下去，并在瞬息万变的市场中灵活把控，那么，B2C模式未尝不是一种很好的创业选择。

 森舟心得

　　选择B2C模式创业，有可能很长时间都赚不到钱，所以，创业初期就需要调整好心态，既要有勇气，又要有耐心，还要做好准备，迎接可能面临的种种困难。

微商时代：草根创业，一样能成为微商大咖

当你发现朋友圈卖的东西你还买不起的时候，你就该开始奋斗了；当你发现朋友圈里卖的东西你都不认识的时候，你就该开始补课了。

——马云

微商是一种社会化移动社交电商模式，这种商业模式具有社会化、移动化、社交化的基因，作为一种活跃于社交网络上的移动购物方式，微商近年来逐步吸引了大批创业者参与。

2016年10月18日，阿里巴巴举办了首届微商峰会，参与大会的用户有2万多人，其中不乏从业一年以上的微商和千人以上的微商团队。大会中，阿里巴巴的负责人表示：阿里巴巴是来改造和升级微商市场的！

不难看出，马云和阿里巴巴对微商的态度还是很认可的，所以才会这么大张旗鼓地要进军微商，想要分一杯羹。

经历过这几年发展，微商行业被人看好过，也被人唱衰过，有人从草根变为身价千万的大咖，也有人因此被朋友、同学甚至家人看不起。但是，无论别人如何看待，微商行业依然在蓬勃发展着，更是得到了国家的重视和支持，监管部门也开始重视这个行业，微商正在不断走向正规化、规范化……所以，我认为，微商的前景还是光明的，毕竟，这个行业发展的时间并不长，还有很长的道路。

微商内训第一人、最多微商人认识的梦想导师、热销30万册的书籍《微信营销108招》作者、第一个出版自己的学习光盘并入选各大机场销售的微商导师、微商最大的万人付费社群"微商名人帮"创始人、平均每年内训场次超200场的微商导师、第一个成功创办千人弟子大会的微商导师、微商首部明星大电影《我的微商女友》出品人和男主角、首个被优米网特邀录制付费课程的微商导师……我做微商以来，取得了不小的成就，也得到了很多人的认可，上面这些荣誉都代表着外界对我的认可，但也时刻提醒着我，一定要以身作则，给行业多做引领，让更多的人认可微商。

"有梦想就要去实践，微商给了很多人梦想实现的机会，每个人都应该有梦想，选择大于努力，选择平台就应该好好去努力，跟对人，做对事……"2016年7月。我在朋友圈发布了的这样一条消息。2016年7月17日，我从厦门老家再次飞往北京，不过这次不是去讲学，而是出席钓鱼台国宾馆中国商业经济学会微商大学成立大会，见证微商大学成立。在这次微商大会上，我兴奋不已地接过了微商大学的聘书，正式成为微商大学的一名导师。

在我看来，微商的未来，一定是专业化、系统化、品牌化的。选择微商创业，我认为一定要做人格化微商，做人格化品牌，只有这样，才有美好未来。

下面，我谈几点自己对微商的看法：

1.微商是基于社交产生的信任关系

做微商的前提是与用户建立关系，而这种关系的前提是信任。通过好友申请是信任关系的第一步，好友对你所发的内容产生兴趣是第二步，与好友评论、互动、交流是最后一步。

长此以往陌生人变熟人，弱关系变成强关系。陌生朋友也会基于对你个人人品的肯定上升到对你的产品的肯定。只要你的产品和服务没问题，基本上就可以成交。

2.从分享中获取价直

大家都乐意分享有趣的文章和新奇的事物，之所以如此是因为这些东西给我们带来价直和乐趣，不仅如此，还希望身边的朋友也能够看到感受到。这就是无偿的分享，虽然分享不一定能给你带来直接利益，但却一定有着强大的营销作用。

3.内容为王

后微商时代，好的内容变成了稀缺资源，谁能创造好的内容，谁能通过软文营销、内容营销激发和满足用户的需要，谁就掌握了后微商时代的生存法则。

最后，我再将自己做微商以来总结的一些小技巧和经验分享给大家：

1.把二维码设为手机桌面，方便别人扫一扫。

2.用手机号或QQ号作为微信号，比英文字母更容易被人找到。

3.用自己的真人照片做头像，而不是猫狗风景之类，更能提升信任感。

4.用中文做昵称。名字在最前面，然后加上自己从事的职业。最好别用纯英文。

5.新加好友，马上改备注，名字+职业（或特色、标签），以免混乱。

6.使用置顶聊天功能，把重要的对象放在最上面。

7.初次见面，可以合影，把合影照设为聊天背景。

8.把合影照发给对方，教他设为聊天背景以及置顶聊天。他肯定能记住你。

9.如果是生意合作伙伴，可以把对方所有资料做成图片，作为聊天背景。

10.与名人的合影，公布到朋友圈或做头像，可以实现高价值信任转换。

11.使用美图秀秀给图片添加文字。

12.善用收藏功能。你的个人介绍、邮箱手机之类，都可收藏起来，认识新朋友时就可便捷地发给对方。

13.考虑到手机终端呈现，你收藏的个人简介等不能太长，最好一屏就能容纳下。

14.与人沟通，多用文字，少用语音，对重要客户更应如此。

15.发任何内容，都记得加上自己的昵称和微信号。微信不能直接转发，只能复制粘贴，这一点十分重要。

16.多请有影响力的朋友为你宣传。别忘了叮嘱他们在宣传时加上你的微信号。

17.投桃报李，你也要经常介绍朋友给你的粉丝。

18.朋友圈关注越来越多，你看不过来。对于没有营养的，使用"设置朋友圈—不看他（她）的朋友圈"，世界就清静了。

19.多与比你厉害的人互动。点赞、评论、转发、介绍都可以。有机会就求合影。他们其实比你想象的容易交往得多。

20.尽量不要在朋友圈发硬广告，尽管你的确是在做微商。但要记住，你卖的不仅仅是实物，还有内容、情感、价值、服务、使用体验。

21.给自己一个标签（定位），然后反复强调、强化它。

22.一个好的创意，大概需要一到六个点（细节）来支持。

23.别人对你的态度是你教给别人的。你在别人心目中的形象，也是你塑造出来的。你说你是什么样的人，别人就以为你是什么样的人。

24.满足受众四大需求：需要、需求、欲望、格调。

25.自恋比自卑好。高调比低调好。有争议比无人问津好。

 森舟心得

　　在微商行业里，几乎每一位成功的创业者都曾有被人否定甚至看不起的经历，但他们用坚持和努力所取得的辉煌成就证明，草根创业，同样能成为微商大咖，成为真真正正的成功者。

跋：缘与静，合与精

能出版《永不放弃：我向马云学创业》这本书，是我的荣幸，从森舟老师身上学到很多之前未接触过的知识。

因三年前的一次际会，和森舟老师相识，印象最深的是他的总结能力及逻辑思维能力。相互加微信后，联系断断续续，但这期间总关注他的朋友圈，对他的发展还算是比较清楚。

2017年10月，突然接到森舟老师的信息，说来京要聚，非常直接地告诉我，要合作。当时还在出版社工作的我并没有爽快地答应此事。于我而言，出版一本书很容易，但如何策划出版一本好书是需要思考的。从图书内容的定位、读者的定位，到内容结构的规划，都需要精心策划。但不得不说的是：森舟老师在创业上、营销上的前卫思路，迅速改变了我对于一些事物的看法。

即在这次见面后，我和森舟老师达成了合作。

一、因马云与森舟见面三次，对森舟的创业有不可忽视的影响。目前图书市场上关于马云的书很多，都是第三方站在创业或者人生哲学的角度来解读马云。唯独森舟老师，是受到马云亲自指导激励的创业成功者。经过商讨，决定以"向马云学创业"这个角度来出版一本森舟老师的自传式创业经。

二、因森舟的成功离不开他的偶像马云，所以这本书每一个章节都是从马云的经营之道、人生哲学角度出发，结合肖老师自己的案例分析进行阐述，这样更能让读者学习到肖老师的创业精华。

三、因森舟老师从电商一路走来，后成功转型为微电商营销导师，遂有很多的学员。他的学员身价上亿、千万的不在少数，他们在商业的广度上走得很长，但高度上有待提升，他希望他所带的学员能从纯粹的商业走进儒商行列，通过自身的实践告诉学员如何提高自己的高度，努力地帮学员打造文化IP（知识产权）。

所以从这本书的出版开始，我和森舟致力于服务那些需要在创业路上得到改变和提高的人。

于我而言，更是把这么多年的工作经验发挥于实处，就像心学大师王阳明说：心即理，致良知，知行合一。

希望借助于这本书，能和有缘的您成为朋友。感谢您读完这本书。

赵秀彦

2018年3月18日，于北京